トルコのもう一つの顔・補遺編

小島剛一

ひつじ書房

目次

はじめに

一九八八年八月のネパール滞在中に矢も楯もたまらなくなって十日で書き上げた草稿が二年半後に『トルコのもう一つの顔』(中公新書、一九九一年二月)となって日の目を見るまでに文章を大幅に書き換えたことは、『漂流するトルコ　続「トルコのもう一つの顔」』(旅行人、二〇一〇年)に書いた通りです。中公新書編集部から「激昂する文章は良くない。一から書き直せ」という要請があったためです。刊行に漕ぎ着けるために、当時「不可」と指示された語句を別の表現で置き換えるという作業を強いられました。

時が経って、今では日本でも多くの人が、トルコ共和国が多民族・多言語国家であることを知っています。トルコ国家も、一九九一年四月以来、事実上、そのことを認めています。クルド人、ザザ人、ヘムシン人、ラズ人などの少数民族弾圧の実情の一端を小島剛一が初めて日本語で語った当時とは、トルコを囲む世界情勢も大きく変わりました。

一九八〇年代の末に「過激」と見做された表現も、今は異なった評価を受けるようになっています。多くの読者からの要望もあり、保存しておいた草稿の「中公新書には掲載してもらえなかった部分」を再現し、注釈を付けたのが本書です。

この機会に、四半世紀も眠っていた草稿の全文を、じっくりと時間を掛けて、中公新書と照らし合わせて読み返しました。我ながら驚いたことが一つあります。

記述の順序を部分的に変えたり、極力抑制した表現を用いたり、第二章の冒頭で「むかしむかし、あるところに…」と民話風の文体を使ったりはしていますが、決して「一から書き直した」とは言えないのです。草稿の断定的な判断表明を伝聞形式に包んで「明確に意図した民族虐殺だったのだという」「老若男女無差別の民族虐殺だった、というのがデルスィム人の記憶である」などと変え、言ってみれば無意識のうちに「巧妙に」表面だけの書き直し要請に応じていたのです。

自分でも長年、「全面的に書き直させられた」と思い込んでいたのですが、数ページに亙って一字一句変えていない箇所も多数あって、意外でした。「書き直し」ではなく「推敲」と言うべきものでした。

『トルコのもう一つの顔』の草稿をヒマラヤの麓で認《したた》めたのは、インターネット以前の時代です。長年日本と没交渉だったため、「言葉狩り」や「放送禁止用語」などのことは、聞いたこともありませんでした。ノートに走り書きした草稿と日本に行ってそれを原稿用紙に書き写したものには、「○蛇に怯じず」「○桟敷」「○○沙汰」「○○に成り下がる」などの表現がありました。全て、初校の段階で、別の表現で置き換えました。誤解を招きかねないそうした表現を本書で敢えて忠実に再現する意味は無いと判断します。そのため、この補遺編で公表する「草稿」は、元々の文章とは微細な異同があります。

また、漢字の用法に、草稿と新書で食い違いがあります。新書の初校で、草稿の「行く」「行った」「行って」「来る」「来た」「来て」など多数の基本的な動詞の表記が、事前の相談無しに、全て平仮名書きで「いく」「いった」「いって」「くる」「きた」「きて」…と変えられていて、唖然・愕然・呆然としました。とても自分の書いた文章には見えませんでした。編集者と交渉して、初めは、最小限「行く」「来る」とその活用形だけでも全面的に漢字を復活させ、「言う」と「いう」の使い分け(＊)を尊重させ、再校と三校でも少しずつ漢字を増やさせましたが、本当に望むようには出来ませんでした。それまで長年に亙って意図的に無名に徹していた者が初めて本を出すのだから仕方が無いと考えて涙を呑みました。

（＊）小島剛一は、「発言する」「言明する」という意味では漢字書きで「言う」と、そうではない軽い意味の時は平仮名で「いう」と書きます。後者は、「当用漢字」以前の時代には「云う」と表記していた用法です。「山本太郎という人」「何ということだ」「こういうことをしてはいけない」などの表現に現れる「いう」です。

なお、新書からの自己引用は、第一三版を基準とし、今回の再読で見つかった瑕疵に修正を加えたものです。初版とは、あちこち食い違いがあります。

本文の中で新書からの引用と対比させるために角括弧《かど》に入れて「草稿」と題した部分は、本来の草稿を原稿用紙に書き写したときに少し補筆したものですが、一部に、元の走り書きにあったものを加えました。編集者の目にも触れることの無かった部分です。

原稿を書き直したことについては、出版関係者や前後の事情を知っていた友人知己から、さまざまなご意見がありました。綺麗に二種類に分かれます。

一つは、こうでした。

「生《なま》の話のほうが、迫力があって面白かった。本になったものは、取り澄ましたような感じがする。残念だ」

「元の原稿のほうが、迫力があって良かった。書き直したものは、何か、こう…出し惜しみしたようなところがある」

もう一つは、ほぼ異口同音に

〈当時の出版状況では、過激な表現を穏やかな物に改めるという要請は仕方の無いことではなかったのか〉

というものでした。

もっと踏み込んでこういう説明をしてくださった方もいらっしゃいます。

〈無名の書き手が「正しいけれども一般的な通念からは信じがたいこと」を述べている場合、文章の調子を穏当なもの、若輩らしい控えめなものにして書かせた方が出版社としては「読者が同情的に著者の側に立って読んでくれる」と期待できる〉

「当時の日本の出版状況」を知らなかった(そして今でも良く知っているわけではない)小島剛一には、「仕方の無いことだったのか否か」という判断は出来ませんが、「無名の若輩らしく控えめに」とのご意見には頷《うなづ》けます。

本書をお読みになった方々は、一九九一年前後の日本の出版状況をご存じであれば、その判断が出来ることだろうと思います。ご意見をお聞かせください。

＊　＊　＊

本書の構成は『トルコのもう一つの顔』の章分けと並行させています。章の番号とタイトルをそのまま用いました。

Ⅰ　トルコ人ほど親切な人たちも珍しい

二ページ六行目

［新書］

…。連絡船でギリシャのイグメニツァ港へ渡る。

［草稿］

…。ブリンディズィから船でギリシャのイグメニツァ港へ渡る。私はこの年もう三十歳になっていたが、正真正銘の学生証があったから船賃は半額になった。

［注釈］

博士課程の大学院生も学生割引の恩恵に与《あずか》れると知って大喜びした若かりし日の貧乏旅行者

ぶりの描写です。「新書として二百ページぐらいに収まるように、全体を短くしろ」という至上命令があったために「重要でない箇所は割愛する」と決めて削除したのです。後から考えると、この行を無理に削ることはありませんでした。

五ページ六行目

［新書］

…。日本は島国だと言ったら、地中海の島か、黒海の島か、と訊《き》かれたこともある。

［草稿］

このときにはまだ知らなかったが、トルコ人の地理の知識はまことに貧弱で、日本がイランのすぐ向こう辺りにあると考えている人が実に多い。日本は島国だと言ったら、地中海の島か、黒海の島か、と訊《き》かれたこともある。日本は東洋の国であり、したがってトルコと同じく(トルコも東洋の国だから、とトルコ人は考える)回教国であると思い込んでいる人がまた多いから、この税関吏のようなことを言う人に遇うのは全く普通のことなのである。また、トルコ語が未熟なうちは「さようなら」を言うのに、残る人が「ギュレ・ギュレ」、去る人は「アッラハー・ウスマルラドゥク」と言うのだと習い、それ以外の言い方を知らないから、この「さようなら」の一言《ひとこと》で回教徒に分類されてしまうことがある。イスラーム以外の宗教はキリスト教とユダヤ教ぐらいしか存在しないと思っているのが普通である。佛教だの神道だの諸宗混淆だのと言っても何のことやら分からない。

［注釈］
「トルコ人の地理の知識はまことに貧弱で」という表現に、編集者の手で〈「日本人も似たようなものだが」と書き入れろ〉という意味のことが鉛筆で書いてありました。編集者は、きっと、「この書き方ではトルコ人を蔑視しているように思われる」と心配したのでしょう。日本人にも世界地理に疎い人が多数いるのは事実ですが、「○○は島国だ」と聞いた時に「日本海の島か太平洋の島か」と訊く人には遇ったことがありません。「日本海に浮かぶ島国」が存在しないことを、大人の日本人は皆知っています。一九七〇年代には、当時のトルコ国民の成人の大多数は未識字者でした。それにしても「黒海に浮かぶ島国は無い」ことを知らないトルコ人がいたとは筆者には思いも寄らなかったことで、鮮明に記憶に残っています。

八ページ五行目
［新書］

「ところでこの自転車でどこまで行くんだね」

「はっきり決めてないけどキプロス島に渡ってみようかと思ってます」

「キプロスねえ。あのあたりなら大丈夫だ。もしトルコ東部へ行くんだったら自転車は危ないなあ。売っ払ってバスで行ったほうがいいよ。なにしろクルド人の住むところだからね。クルト(トルコ語で①虫けら、②狼)みたいな連中さ。トルコ語もろくに話せないんだ」

[草稿]
「ところでこの自転車でどこまで行くんだね」
「はっきり決めてないけどキプロス島に渡ってみようかと思ってます」
「キプロスねえ。あのあたりなら大丈夫だ。もしトルコ東部へ行くんだったら自転車は危ないなあ。売っ払ってバスで行ったほうがいいよ。なにしろクルド人(トルコ東南部・シリア北東部・イラク北部・東部・イラン西部・ソ連アルメニア共和国の一部にまたがる広大なクルディスタンに分布する民族。話す言葉は印欧語族に属し、トルコ語やアラブ語とは起源が違う)の住むところだからね。クルド人っていうのは、そうだなあ。クルト(トルコ語で①虫けら、②狼)みたいな連中さ。トルコ語もろくに話せないんだ」

［注釈］

ここで初めて「クルド人」という言葉が出て来るので、括弧内に説明を施したのでした。三二ページに独立主義者の主張する「クルディスタン」の地図を掲載することになったからこのページでは説明を省略しても良い、と考えました。日本では殆ど誰もクルド人の存在さえも聞いたことの無かった頃ですから、苦渋の決断でした。二〇一六年に刊行する本だったら、こんな説明は要らないことでしょう。

II　トルコのもう一つの顔

三〇ページ最後から三行目

［新書］

トルコの事情はフランスに似ている。多数民族であるトルコ人が自分たちの民族名を国号にしているために「トルコ民族の一員である」と「トルコ国籍である」が同一文になってしまう。フランスと違うのは、現在に至るまで歴代のトルコ政府が「トルコ共和国国民はすべてトルコ民族である」と定義し、少数民族強制同化政策を続けていることだ。フランスも昔は同様の政策を取っていたが、今は違う。

［草稿］

トルコの事情はフランスに似ている。多数民族であるトルコ人が自分たちの民族名を国号にしているために「トルコ民族の一員である」と「トルコ国籍である」が同一文になってしまう。フランスと違うのは、現在に至るまで歴代のトルコ政府がこの曖昧さを政治的に利用して、「トルコ共和国国民はすべてトルコ民族である」と決めてしまい、少数民族強制同化政策を続けていることだ。「トルコにはトルコ語以外の言語は存在しない」と政治権力が決めたのだ。これが真っ赤な嘘であることはトルコ国民なら誰でも知っている。政府当局ももちろん知っていて、トルコ中の警察署に「少数民族課」がある。

［注釈一］

第一三版でもまだ「多数民族であるトルコ人が自分たちの民族名を国号にしたために」となっていますが、正しくは「多数民族であるトルコ人が自分たちの民族名を国号にしているために」です。第一四版で修正します。

トルコ語を母言語とする人の意識に「トルコ語」という言語名と「トルコ人」という民族名が広く定着したのは、トルコ共和国が成立した後のことです。

「トルコ解放戦争」を主導したムスタファ・ケマル自身は「民族名を国号にした」と考えていたかもしれませんが、その戦争のさ中には一般民衆に「トルコ民族意識」は無かったのですから、国号に「した」ためにという表現は不適切でした。

トルコとギリシャの間、及びトルコとブルガリアの間で強制住民交換を行なった時にも、黒海沿岸地域などに住んでいたキリスト教徒のギリシャ人は父祖の地を追われましたが、イスラームに帰依していたギリシャ人は、トラブゾン県Çaykaraチャイカラ町などに住み残っています。ギリシャ語が話せないのにキリスト教徒だったためギリシャに移住しようとして受け容れてもらえなかったトルコ語話者もいます。言語をさておいて宗教が重要な判定基準になっていたのですから、現代とは「民族」という言葉の定義が違っていたのです。

［注釈二］

「真っ赤な嘘」という表現について編集者が「表現ＯＫ?」という書き込みをしていました。新書では、その表現を削除しました。明白な嘘を「嘘だ」と指摘して何が悪いのか、小島剛一には、当時も分かりませんでしたし、今も分かりません。

なお、「フランスも昔は同様の政策を取っていたが、今は違う」という一文は、書き直し版で付け加えたものです。「トルコばかりが少数民族を弾圧していたのではない」ことを示すためでした。

第二次世界大戦後、アルザス地方がフランス領に復帰して学校教育用語も当然フランス語に切り替わったのですが、それまでドイツ語を強制されていたため、フランス語のよく話せない子が多数いました。小学校などで授業中に一言《ひとこと》でも母言語のアルザス語を話すと厳しい罰を科せられたものだそうです。「僕は、アルザス語を話すから最低の馬鹿です」と書いた札を首に掛けられて校庭を一周させられた…と打ち明ける時、涙を抑えきれない老人がたくさんいます。

三三ページ二行目

［新書］

トルコ東部で、壁に耳のないところで、クルド人に聞いたことは、主にフランスと西ドイツの新聞やテレビの情報に頼っていたそのころの私の知識と想像を遥かに超えていた。世間話をするときと変わらない落ち着いた表情の人たちの口から、世の中にこれほど当たり前のことはないと言いたげな穏やかな口調で、当時の私には「好戦的な」と映った言葉がつぎつぎに飛び出す。私は、クルド人の言葉の「激しさ」に驚いて、トルコ人との対話による平和解決の方法はないのかと「進言」さえしてみたものである。

「トルコ人にはわれわれと対話をする意思がないのです。武装蜂起しかありません」

「クルディスタンは、今はトルコの植民地です。でもいつか必ず独立してみせます」

「トルコ人がクルディスタン独立をあくまで拒否するのなら、トルコ共和国全部をクルド人が乗っ取ってやりますよ」

［草稿］

「クルディスタンは、今はトルコの植民地だけれどいつか必ず独立してみせる」

「トルコ人がクルディスタン独立を飽くまで拒否するというのなら、トルコ全部をクルド人が乗っ取ってやる」

「トルコ人にはわれわれと対話をする意思がない。武装蜂起しかない」

［注釈］

引用した三つの発言を「です・ます体」に変えて、いくらか穏やかな文体にしました。その前の六行は、書き直し版で補筆したものです。決して武装した血気逸《はや》る乱暴者の言葉ではなく、状況を見極め、自分たち同士の議論も繰り返し、冷静に熟考した上での覚悟の発言だったのです。この六行について、当時の編集長から「書き直しぶり、見事です」との評がありました。この後、ようやく、修正版の刊行が決まりました。

三六ページ一行目

［新書］

…。しかしクルド人全体を代表するような組織は今のところ存在しない。それどころか、独立運動家同士の争いで流血を見た例さえある。クルディスタン独立の夢は、果たして実現可能なのだろうか。再会を誓って別れの抱擁をする間にも、この疑問は、私の胸からついに消えなかった。

［草稿］

私も自分なりに得た情報をもとに地図に無い国家クルディスタンを無理に地図に描いてみる。トルコ東部、ただし黒海岸を除く。シリア北東端部のごく小さな地域。イラク北部と東部の国境地帯。イランのコルデスターン（＝クルディスタン）州とその周り、イラク国境、トルコ国境附近。ソ連アルメニア共和国の都エレワン附近にも少数民族としてクルド人がいる。

海への出口の無い山国で交通も非常に不便、工業も皆無と言って差し支えないような後進地域の寄せ集めで、トルコ、イラン、イラクなどいずれもクルディスタン独立を絶対に許すまいとする敵国に囲まれている。

左翼のクルド人の一部は、ソ連が助けてくれる、と思っているらしいけれど、最近ソ連軍やキューバ軍が介入した国、エチオピア、アンゴラ、モザンビク…どれをとってもその後に「平和と繁栄」が訪れたところなどは無い(ソ連のアフガニスタン侵攻は一九七九年十二月、この自転車旅行の二年後のことである)。

シリアにとっても、イラクにとっても、クルディスタンは貴重な外貨資源の産油地域、やすやすと手放すわけは無い。

それよりも、何よりも、クルド人が団結していないのが致命的。宗教上の、政治理念上の反目に氏族間の争い、加えて地主に対する小作人の恨みつらみ(そう、クルディスタンの大部分は封建制が続いている「古い」社会なのです)…そういったものが前面に出て来て他を斥けている、八方塞がりの状態。駄目だ、こんな国…。

クルディスタンのほかにもクルド人はたくさん住んでいて、またクルディスタンの中にも非クルド人が多数住んでいる。アルメニア人、アラブ人、トルコ人、グルジア人、チェルケズ人…仮に独立を達成したとして、この人たちの未来はどうなるのか。新たな少数民族問題が生まれるのか。そんな独立は日の目を見ないうちに消えてしまう儚《はかな》い夢のようなもの。クルド人の境遇に同情はしても、その独立の夢が実現可能だなどと簡単に言ってやることは出来ない。

［注釈］
途中の「駄目だ、こんな国」と最後の「その独立の夢が実現可能だなどと簡単に言ってや

ることは出来ない」という表現に、編集者の「表現OK？」「言い切りOK？」という書き込みが付いていました。なぜこんな質問が出て来たのか、分かりませんでした。今、もしも再度この質問を受けたら、小島剛一の応答は、「勿論、言い切りOK」です。

五七ページ四行目

［新書］

…。夏休みばかりでなく、クリスマス・年末休みも復活祭休み(三〜四月)もトルコかその近辺の国で過ごすようになった。いかなる犠牲を払ってもトルコ民族とトルコ共和国のすべてを知ろうと思ったのである。

［草稿］

…。夏休みばかりでなく、クリスマス・年末休みも復活祭休み(三〜四月)もトルコかその近辺の国で過ごすようになった。トルコ人がいかに承服しがたいことを言っても批判がましいことを一切言わないで身の安全を先ず図る習慣も自然に身に着いた。いかなる犠牲を払ってもトルコ民族とトルコ共和国の全てを知ろうと思ったのである。

［注釈］

小島剛一は、トルコの少数民族に関して、「いつか発表できる時が来るまで」と念じて、長い間、命惜しさの沈黙を続けました。「言うべきことをいつでも言う」と言動様式を切り替えることにしたのは、『トルコのもう一つの顔』を執筆し始めた時からです。実行に移したのは、刊行の日です。

こういう事情ですから、トルコで何らかの研究を続けている人が(昔の小島剛一のように)「トルコに関して本当のことを知っていても言わない」のを見ても責めようとは思いません。しかし、「政府の政治主張に沿って事実無根のことを言う」人がいれば歯に衣着せず批判します。そういう人は、フランス人にもいましたし、日本人にもいます。最近は少なくなったようですが。

III　言語と民族の「るつぼ」

五九ページ七行目

［新書］

…。私の真の興味が少数民族にあることは、トルコでもフランスでもおくびにも出さなかった。

［草稿］

…。私の真の興味が少数民族にあることは、トルコでもフランスでもおくびにも出さなかった。出せば(フランスで出したとしても)即刻(トルコから)国外追放になることが分かっていたから。何しろトルコは「国内に少数民族が存在する」と言っただけで投獄される国なのである。存在を認めることとイコール「アカ」という妙な等式が罷《まか》り通る共産主義嫌いの国でもある。元々典型的なノンポリの私には、身に覚えの無い「色」付けなどされた日には迷惑至極なのである。

［注釈］
「ソ連」が「自由世界」にとって脅威だった時代には「共産主義者」というレッテルを貼られると致命傷になる国が多数あり、トルコもその一つでした。一九九〇年にバルト三国がソ連から独立したため「この記述は、そのうちに最重要事項ではなくなる」と考えて割愛しました。一九九一年末までにソ連が崩壊するとは誰にも予測できない時期でした。

六三ページ一行目

［新書、第一三版まで］
…。自分たちが存在することを外《そと》の世界に知らせて欲しいと誰しもが願う。
［新書、第一四版以降］
…。自分たちが存在することを外《そと》の世界に知らせて欲しいと多くの人が願う。
［注釈］
「誰しも」に「が」を付けるのが誤用であることは、二〇一五年になって明確に認識しまし

た。また、このページで「隠れ民族」などに言及したのですから、「が」を削除して「誰しも」だけにしても表現自体が不適切です。第一四版で「多くの人が」で置き換えてもらうことになっています。

六三ページ一行目の後半

［新書］

…。それは特にクルド人に著しい傾向だ。

［草稿］

…。それは特にクルド人に著しい傾向だ。

「トルコ政府はクルド人がトルコに『存在しない』と事あるごとに言うけれど、それが嘘だってことは、政府自体が知っている。この国は、嘘つきの拷問屋が治めているんだよ。自由の欠片《かけら》も無いんだ。一人でも多くの人に知らせてくれ」

［注釈］

「嘘つきの拷問屋」という表現が「不可」と判定されました。紛れも無い事実なのです。これに相当するもっと「穏やかな」言い方はあるのでしょうか。

七〇ページ二行目

(トルコ共和国ではカザフ語、ウズベク語、アゼリー語などを「トルコ語の方言だ」と教育機関で教えていることについて、筆者が「それならば、ポルトガル語、フランス語、イタリア語などは同一の言語の方言だということになるのか」と疑念を表明した時に)

[新書]

教授の返事は思いもかけないものだった。

「私たちは他の国の言語学に内政干渉はしません。フランス人やイタリア人は勝手に自分なりの定義をすればいいのです」

[草稿]

教授の返事は思いもかけないものだった。

「私たちは他の国の言語学に内政干渉はしません。フランス人やイタリア人は勝手に自分なりの定義をすればいいのです」

トルコでは、「言語学」は政治の道具以外の何物でもない。歪曲しなければ大学教授の首が飛ぶ。教授の椅子に収まっていられるのは学究魂を売り渡した御用学者ばかり。言い換えれば、この国に科学としての言語学は存在し得ないということだ。

トルコ政府は、トルコ共和国にはトルコ語以外の「言語」は存在しないと決めた。実のところ、イスタンブール、イムローズ島、テネドス島に在住のギリシャ人とイスタンブール在住のアルメニア人の話す言葉だけは、公認の少数民族言語なのだが、そのギリシャ語もアルメニア語も「存在しない」と言い切ってしまうのは、一体どんな頭脳構造の持ち主なのだろう。

トルコの学校では、「クルド方言」も「ザザ方言」もトルコ語のうちと数えるのである。「言語」の担い手は「民族」を構成するが、「方言」の話し手はせいぜい一支族にすぎない。したがって独立の「権利」もない、と。

少数民族ならどんな子供でもこれが百パーセント嘘だということはすぐ分かる。学校は嘘を教えるところ、国家はトルコ人の暴力体制、役人は賄賂を公然と要求するものと物心つくかつかないかに理解してしまったら独立運動の闘士が育たないほうがおかしい。事もあろうにトルコ政府はこの人たちにトルコ国家に対する「忠誠」を、「愛国心」を求めるのである。そして愛国心のない「売国奴」は抹殺にのみ値するのだ。

［注釈一］

「イスタンブール在住のユダヤ人が話すラディノ語も公認の少数民族言語だ」とトルコ人の外交官などから口頭で聞いてはいましたが、公文書での記述が確認できていなかったため、草稿でも新書でも記述を控えました。

ラディノ語は、一四九二年にスペインを追われてイスタンブールに移住したユダヤ人の子孫が話す言葉です。大雑把に「当時のカスティリャ語にヘブライ語の語彙が大量に入ったもの」と言えます。

小島剛一は、イスタンブール以外の地域に住んでいてラディノ語を話すユダヤ人に遇ったことがあります。トルコは、「公文書に無い現実」の多い国です。

七〇ページで割愛したこの「公認の少数民族言語」のことは、新書では二〇七ページに挿入しました。

［注釈二］

一九九一年二月のトルコでは、これが実情でした。一九九一年四月以降は少しずつ情勢が変わって、二〇〇二年八月にはクルド語など少数民族言語をおおっぴらに話し読み書きし教えることが「合法」になりました。

この部分には、編集者の手で「表現ＯＫ？」「言い切りＯＫ？」という書き込みが多数ありました。

「学究魂を売り渡した御用学者」「百パーセント嘘」「学校は嘘を教える所」「暴力体制」「役人は賄賂を公然と要求するもの」などの記述が「不可」と判定されたのです。「表現」の問題ではなかったのですが、これから世に出ようという無名の者の立場は弱いものでした。

Ⅳ　デルスィム地方

七八ページ六行目

［新書］

デルスィムは一九三八年にトルコ政府軍による住民虐殺のあったところで、

［注釈］

『漂流するトルコ　続「トルコのもう一つの顔」』の六八〜六九ページの記述を自己引用します。

＊＊＊＊＊

トゥンジェリ県オワジュク郡の住民は、アレウィー教徒であるがゆえに、一九三六年から三九年にかけての「デルスィム事変」で、トルコ軍によって「反政府行動を鎮圧するため」という名目で老若男女赤子病人無差別に虐殺された。

私がトゥンジェリ県で生き残りの人々から問わず語りに得た証言では「あの殺戮は一九三八年から一九三九年にかけて起こった」ということだった。聞いたまま前著『トルコのもう一つの顔』にはその年代を記したのだが、後年、クルド人の手になる出版物に「一九三六年から一九三七年にかけて」と「一九三七年から一九三八年にかけて」という矛盾した記述をしたものが見つかった。不思議に思って再調査した結果、「トルコ軍がデルスィム地方(=現在のトゥンジェリ県の一部)を完全に包囲して兵糧攻めを始めたのが一九三六年。無差別虐殺は当初からあったが、一九三七年以降、それが体系的かつ大規模になり、一九三九年まで続いた」ことが判った。当時この地方では口コミが唯一の通信手段だったため、事件の渦中にいた人は自分の体験したごく狭い範囲のことしか証言できず、また肉親を目の前で殺され、自らは地を這って逃げ惑った時のことを鮮明に憶えている反面、山一つ越えた別の郡のことはおぼろげにしか憶えていなかったりで、年代の記憶にずれが生じたものらしい。逃げおおせた人たちは一九四八年に、軍隊の通れる道路を避けて、山間《やまあい》の古い踏み分け道が草ぼうぼうになっていたところを徒歩で通り抜けて故郷の村に戻り、わずかにいた生き残りの人たちと共に新たな生活を始めた…と住民は語り継いでいる」

＊＊＊＊＊

八三ページ最後から五行目
［新書］
…。一九八二年以来「神を冒瀆する言葉」を口にすれば憲法違反。
［草稿］
…。一九八二年以来「神を冒瀆する言葉」を口にすれば憲法違反。「政教分離」らしいところなど何一つないのだ。
言語政策、少数民族政策と並んで、宗教政策もまた、嘘で塗り固めたものなのだ。
［注釈］
「嘘で塗り固めたもの」という表現が「過激」と見做されました。

九〇ページ四行目

［新書］

…。軍隊ではトルコ語が話せないと殴られるそうだ。なにかを命令されてもなにをすればいいのかわからないから。人の心はつれないもの。他人の不幸を喜ぶ者もこの世には多い。

［草稿］

軍隊ではトルコ語が話せないと殴られる。抵抗できない者をいたぶることに快感を覚える者は、特にトルコ軍にはたくさんいるそうだ。他人の不幸を喜ぶ者は、軍隊の外にもたくさんいる。

［注釈］

「抵抗できない者をいたぶることに快感を覚える者は、特にトルコ軍にはたくさんいる」という表現が「問題あり」という評価を受けました。この部分は、歌詞の説明ですから、鉤括弧に入れていなくても引用なのです。

九〇ページの最後の行

［新書］
…。理不尽な扱いを兵役でしか受けなかった者は、デルスィム人には稀である。
［草稿］
…。理不尽な扱いを兵役でしか受けなかった者は、デルスィム人には稀である。無実の罪で、あるいは表向きの偽の理由さえも知らされずに、青壮年の男ばかりか老人、病人、女子供まで拷問される土地である。なぜ拷問を？　トルコ人でないから。回教徒でないから。異民族は邪魔だから。虫けら同然だから。回教徒に非ずんば人に非ず、なのだから。
［注釈］
何の誇張も無い事実を述べただけでした。

九三ページ一一行目
［新書］
「日本には住んでいない。フランスに住んでいる」

［草稿］

「日本には住んでいない。フランスに住んでいる」

何だと。この話は全く常軌を逸している。おどおどへイコラの少数民族の虫けらどもを相手にするはずだったのが、経済大国日本のパスポートを持った旅行者が対等の口を利いている。しかも流暢なトルコ語だ。どこで習ったのだろう。

［注釈］

「虫けらども」という表現が「不可」と判定されました。トルコ人の口から数え切れないほど聞かされた侮蔑表現のうち一番「マシな」ものを引用したのでした。

九三ページ最後から五行目

［新書］

「フランスで何の仕事をしている」

「欧州評議会で働いている」

口から出まかせを言ったわけではない。

［草稿］

「フランスで何の仕事をしている」

「欧州評議会で働いている」

「どんな仕事だ」

「それはお前に関係ない」

口から出まかせを言ったわけではない。

［注釈］
ご覧のように「それはお前に関係ない」という言葉を削除しました。トルコ語やフランス語では越権の質問に答えることを拒否する時のごく普通の言い方ですが、日本語に翻訳すると「乱暴に」聞こえるようです。

九四ページ三行目
［新書］
「働いている」のは本当だから問い合わせられても大丈夫と計算した上でのことである。平服の男は急に態度を変え、「はい、どうぞ」と旅券を返してよこした。無言で室を出て行く。

部下らしい二人もあとに従った。

［草稿］

「働いている」のは本当だから問い合わせられても大丈夫と計算した上でわざと高飛車な言い方をしたのである。

武器による脅しと軍隊の権威を笠に着た自信がぐらついた。急に態度が変わり、「はい、どうぞ」と旅券を返してよこした。無言で室を出て行く。部下らしい二人もあとに従った。

［注釈］

「わざと高飛車な」「武器による脅し」「権威を笠に着た」を削除しました。

九六ページ最後の行

［新書］

…。この人は一体なにをしに来たのだろうかという本質的な疑問が湧いた。

［草稿］
……。この馬鹿は一体何しに来たのだろう。

［注釈］
「『馬鹿』を『人』で置き換えろ」という意味のお達しがありました。「激昂」と解釈されたのでしょうね。

九七ページ四〜五行目
［新書］
署長はにっこり笑って答えた。
「昨夜憲兵隊の下っ端の連中が無作法なことをしたそうで、そのお詫びに来たんですよ」
私がいきなり椅子を引いて立ち上がるという非社交的な行為をしたので、署長は怪訝《けげん》な顔をした。
「署長閣下。一つ。あなたは民事警察の責任者であって憲兵隊の人ではありません。憲兵隊のしたことであなたが詫びを入れる謂われはありません。あの兵隊たちが自分で来るか、その上官が来るべきです。二つ。詫びを入れるのに、寝ている者を午前二時に起こすものではありません。三つ。詫びをしに来たのなら、まず詫びることから始めるものです。花だの女だのの話を延々とするものではありません」

ここでも私は期待に反する反応を示したらしい。

「せっかくお詫びに来たのに…」と、署長。

「私はもう寝ますよ。二度と安眠妨害しないでください」と言い置いて、私は自室に戻った。

私のような外国人の「常識」はここでは通じないものらしい。

［草稿］

署長は、臆する風も無く、にっこり笑って、こう宣《のたも》うた。

「昨夜憲兵隊の下っ端の連中が無作法なことをしたそうで、そのお詫びに来たんですよ」

これには堪忍袋の緒が切れた。私は憤然とした動作で立ち上がる。引いた椅子がガタンと音を立てる。署長は怪訝《けげん》な顔をした。その顔を睨みつけると、自分でもびっくりするほどの大声が出た。

「署長閣下。一つ。あなたは民事警察の責任者であって憲兵隊の人ではない。憲兵隊のしたことであなたが詫びを入れる謂われはない。あの連中が自分で来るか、その上官が来るべきです。二つ。詫びを入れるのに、寝ている者を午前二時に起こすものではない。貴様には常識というものが無いのか。三つ。詫びをしに来たのなら、花だの女だのの話はするな。まず詫びろ」

「だけど、お、俺、お詫びしに来たんだ」

「お詫びしに来ただと。一言も詫びてないじゃないか」

私の剣幕に驚いたか、恐れをなしたか、署長は色を失って、椅子に腰かけたまま、その椅子ごと、尻込みした。

「俺は寝るよ。二度と安眠妨害するな」と言い置いて室に帰る。

［注釈］

この時の自分の激昂ぶりと脅《おび》えた署長の尻込みぶりは、昨日のことのように憶えています。オワジュク村で語り草にもなりました。事実をありのままに描写したのです。一冊の本の中にこんな場面が一箇所ぐらいあってもいいと思ったのですが、編集長の判断は違いました。「小島さんの激昂する文章は拙《まず》い」と評価され、「全篇を一から書き直」せと言われました。

九七ページ最後の行

［新書］

後で聞いた話だが、その後外国人旅行者は夜中には起こさないことになったそうだ。逆に言うと、トルコ国民なら夜中に起こすのが当たり前だということになる。デルスィムだけだろうか。東部が全部そうなのだろうか。それともトルコ中がそうなのだろうか。

［草稿］

後で聞いた話だが、その後外国人旅行者は夜中には起こさないことになったそうだ。トルコ国民なら夜中の何時に起こされても、「これは、これは、署長さん。ようこそいらっしゃいませ。お茶でもお入れしましょう」となるのだそうだ。

［注釈］

「抑制した文章を」という注文に従って書き直しました。「これは、これは、署長さん。ようこそいらっしゃいませ。お茶でもお入れしましょう」は、削除しなくても良かったかもしれません。

一〇〇ページ最後から三行目

［新書］

いつ来るとも知れぬものを待ち始めると、時間は歩みを止めてしまう。昼は夜にならないし、夜は朝にならない。フランスの滞在権のことが気になり始める。滞在許可証の有効期限切れが迫っている。延長申請に間に合うように帰れるだろうか。遅れたら更新はできないかもしれない。そうなれば私の生活は破綻する。

突然ひどい空腹に気が付く。ムハルレム月に入ってからろくなものを食べていないので体力も落ちている。容疑者(何の容疑をかけられたのか実はわからないのだが)に食事をさせる予算などあるわけはない。

［草稿］

いつ来るとも知れぬものを待ち始めると、時間は歩みを止めてしまう。昼は夜にならないし、夜は朝にならない。

「この下には拷問室もあるんだぜ」と下っ端の警官がにたにた笑いながら嫌がらせを言い始める。

「でなきゃあアンカラまで護送することになるのかなあ。しばらくアンカラに行ってないから楽しみだよ」

どうとでも言え。足軽風情の言うことなどどこ吹く風、というふうを装う。内心はそれどころではないのだが。

突然ひどい空腹に気が付く。ムハルレム月（アレウィー教の断食月）に入ってから碌なものを食べていないので体力も落ちている。容疑者（何の容疑をかけられたのか実は分からないのだが）に食事をさせる予算などあるわけはない。金は払うから食い物を持って来いと言っても鼻であしらわれるだけだろう。武士は食わねど高楊枝といこう。武士になるのも楽じゃない。

フランスの滞在権のことが気になり始める。滞在許可証の有効期限切れが迫っている。延長申請に間に合うように帰れるだろうか。遅れたら更新はできないかもしれない。そうなれば私の生活は破綻する。

「おい、飯《めし》食いに行こうぜ」と聞こえよがしに同僚に言っているのは先程の足軽である。糞でも喰らえ。

［注釈］
この部分も大幅に削除させられました。係の編集者は〈「糞でも喰らえ」だけを他の表現で置き換えれば良い〉という意見のようでしたが、編集長は〈末端の警察官の態度をあげつらう必要は無い〉と言っていました。庶民や外国人旅行者の目に見えるのは「末端の警察官の態度」です。少数民族言語に興味を寄せる外国人に末端のトルコ人警察官がどんな言葉を浴び

せるものか、克明に描写して伝えるのは重要なことです。編集長は、そうは考えていませんでした。

一一一ページ最後から四行目

［新著］

Y村には売女など一人もいはしない。ザザ語を話すアレウィー教徒が住んでいる。髪を隠さず、往来で男と話をする異教徒の女は、厳格な回教徒の目には「売女」と映るのであろうか。

［草稿］

Y村には売女など一人もいはしない。ザザ語を話すアレウィー教徒が住んでいる。狂信的な回教徒にとっては、髪を隠さず、往来で男と話をする異教徒の女は皆「売女」なのである。

［注釈］

「狂信的な」という表現が「不可」という評価を受けました。一九九〇年頃には、二〇一六年の今と違って、「回教徒の中には、『正しい宗教』の名の下《もと》に、異宗教の文化遺跡を破壊し、異教徒を捉えて身代金を要求し、殺戮し、無辜の民を標的にテロを行なう者が多数いる」ことは、日本では常識になっていなかったのです。

一一二ページの末尾

［新著］
トルコの「事情聴取」は決して穏便なものではない。特に、聴取されるのが少数民族の場合には。

［草稿］
トルコの「事情聴取」は決して穏便なものではない。特に、聴取されるのが少数民族の場合、「脅迫尋問」などという表現ではあまりにも甘過ぎるのが普通である。

［注釈］
この「IV　デルスィム地方」の章は、とにかく「穏やかな」表現を選んで書き直しました。それでも草稿とは一字一句も変えていない描写が殆《ほとん》どです。

V　Y氏との旅

一一三ページ冒頭

［新著］

アンカラに着く。十月も半ばである。アンカラのある大学の教授X氏宅を訪れる。それまで一面識もなかったが、ある人の仲介で互いにある程度相手のことを知っている仲だった。トルコではアルメニア問題の権威である。

［草稿］

アンカラに着く。十月も半ばである。アンカラのある大学の教授X氏宅を訪れる。それまで一面識もなかったが、ある人の仲介で互いにある程度相手のことを知っている仲だった。トルコではアルメニア問題の「権威」である。有体《ありてい》に言ってしまえば、トルコ人によるアルメニア人虐殺を「アルメニア人によるトルコ人虐殺」に塗り替え、アルメニア人「消滅」に際してトルコ人の責任は無いと主張し、「アルメニアという国は一度も存在しなかった」と言って歴史を捏造するトルコ政府の政策の推進者である。外務省に足繁く出入りし、政府首脳部と非常に近い関係にある。

［注釈］

「歴史を捏造するトルコ政府の政策の推進者である。外務省に足繁く出入りし、政府首脳部と非常に近い関係にある」という件《くだり》が「不可」となりました。紛れも無い事実だったのです。日本には「トルコがアルメニア人虐殺事件を歪曲して学校で教えている」ことを知っている人は殆どいなかった時代です。

一一六ページ二行目

［新書］

X氏はアンカラの南の高台の高級住宅街に住んでいた。

［草稿］
そんなわけだから、X氏と近づきになることに、実はあまり気乗りがしなかった。意見が合わないのは目に見えているし、ここはトルコであってみれば何を言われても私が黙るよりほかは無い。しかしこの人物を一目とっくりと近くから見てみたいと思ったのも事実である。
X氏はアンカラの南の高台の高級住宅街に住んでいた。

［注釈］
トルコ共和国では、現在も、全ての小中学校、高校、大学で「アルメニア人がトルコ人を大虐殺した」と教えています。御用学者は、このX氏だけではありません。

一一九ページ一〇行目

［新書］
話題が変わってアルメニア人のことになる。アルメニア問題に関して「トルコ人を中傷する」本を誰かが日本で出版したという。X氏はそれに対する反論を準備中で、「君、一つ僕の本を日本語に翻訳して日本で出版してくれないかね」と、唐突に「君、僕」を使い始めた。

［草稿］

話題が変わってアルメニア人のことになる。アルメニア問題に関して「トルコ人を中傷する」本を誰かが日本で出版したという。X氏はそれに対する反論を準備中で、「君、一つ僕の本を日本語に翻訳して日本で出版してくれないかね」と、唐突に「君、僕」を使い始めた。冗談じゃない。誰が歴史捏造の片棒など担ぐものか。しかしここは飽くまで外交辞令を弄しなくてはならない。

［注釈］

この部分には「不可」と評価された表現はありません。全体を短くするために内心の吐露の部分を割愛しました。

一二一ページの末尾から一二二ページにかけて

［新書］

…。Y氏との旅が始まった。「君、僕」に切り替えて、徹頭徹尾友好的に、礼儀正しく。

この日の行程は、アンカラからイスタンブールまで。正確に言うと、イスタンブールのアナドル（アナトリア）部分（「アジア」側）、イスタンブール海峡（ボスポラス海峡）の東岸に泊まった。Y氏は親戚の家に泊まることになっていたので、夕食をともにしたあと、私は紹介してもらったホテルに泊まった。

「明日の朝は、八時頃迎えに来るよ。朝御飯を一緒に食べることにしよう」

第二日。回教に架かる橋を越えてトラキア部分（「ヨーロッパ」側）に渡る。この日はブルガリア国境の少し手前でホテルに泊まった。

「一緒の室《へや》にしようよ」とY氏。

氏に対する警戒心はなくなっていたので、喜んでそうすることにした。

食事の時やホテルの中では、Y氏と私はトルコ・フランス比較料理論を戦わせたり、トルコの観光業の将来を検討したりした。車中に限り（＝壁に耳の無い所で）トルコとそれ以外の国の歴史教育の内容の違いやクルド諸語のことを話題にした。一種暗黙の諒解があって詰問の形になりそうなことは互いに避けていた。ほかのトルコ人が相手だったら刃傷沙汰になりかねない内容のことも話し合ったのだが、この旅のあいだも、その後も、Y氏と私はついに一度も口論したことがない。

［注釈］

次の数ページに亙る記述の大部分を新書では削除しましたが、「不可」とされたのは一箇所だけです。全体の分量を減らすために割愛したのです。

［草稿］

Y氏との旅が始まった。「君、僕」に切り替えて、徹頭徹尾友好的に、礼儀正しく。

車に乗り込んですぐにY氏が訊く。

「イスタンブールからストラスブール行きの長距離バスの切符の払い戻しは出来たの」

「いや、それが上手く行かなくってね。代理人を立てて訴訟を起こそうと思ってる」

「えっ、訴訟!?」

そこで前日の不愉快な体験をY氏に説明する。

イスタンブール発ストラスブール行きのワラン(Varan)社の直通バスの乗車券をアンカラの中心部クズルアイ地区の支社で買ったのだが、払い戻しを求めて行ってみると、言下に拒否された。

「払い戻しの制度はありません」

と女の係員が乱暴に言う。

そんな馬鹿な。私は、乗車券を見せて、こう言った。

「『出発〇日以前にキャンセルの場合、払い戻しに際して〇パーセント、〇日未満〇日以上以前の場合は〇パーセントの手数料を取る』と書いてありますよ」

「払い戻しに際して手数料を取るとは書いてありますけど、払い戻しをするとは書いてありません。それに、ここは切符販売所であって、払い戻し窓口ではないんです」

これは詐欺だ。係員の言うことは詭弁でしかない。

私は、一旦引き下がって、弁護士の友人に連絡を取った。かくかくしかじか。

「呆れた話だ。僕が代理人になって訴訟を起こしてあげる。払い戻しを拒否するという宣言書があるといいんだが」

「…という訳なんだ。今、クズルアイを通るときにちょっと停まってよ。何とか支払い拒否宣言書を取りたい」

「それは、僕も蹤《つ》いて行ってみよう」

クズルアイ。前日と同じ係員である。私を抑えてY氏が口を利いた。

「私は、こういう者です。こちらの大学教授に『乗車券をキャンセルしようとしたのだが、払い戻しを拒否された』と聞きました。一体どういうことですか。支社長に会わせてください」

大学教授とは大きく出たものだ。権威を振りかざすのは、ここでも有効な手段らしい。しかし、飛行機という便利な物があるのに、わざわざ四十八時間もかかるバスに乗る大学教授がいるものだろうか。

「支社長は、私です。払い戻しをしてはいけないと政府からの命令なのです。私には何も出来ません」

「それは、どういう理由ですか」

「モグリの移民志願者が観光旅行者を装うために往復の乗車券を買って観光ビザを取得した後でキャンセルして片道切符に買い替えた例があるのです。フランス政府からクレームが付いたとお達しがありました」

「この方は、トルコ人じゃない。日本人だ。フランスに行くのにビザなんか要らないし、第一フランスに住んでいるのですよ。この切符は、初めから片道でトルコからフランス行きなのだから、あなたの言うケースには全く相当しない」

「私には払い戻す権限がありません。何なら本社の方に行ってください」

「本社が払い戻すと言うのですか」

「いいえ、私は『本社に行ってくれ』と言いましたけど、『本社が払い戻す』とは言っていません」

「ここでは払い戻しをしないということを一筆してください」

「それは本社の責任者がすることです。私には権限がありません」

Y氏は、私を促して外へ出る。

「イスタンブールの本社に掛け合おう。あの女の言うことは全部嘘だ。分からないのは、どうしてああいう見え透いた嘘をつくかだ」

この日の行程は、アンカラからイスタンブールまで。正確に言うと、イスタンブールのアナドル（アナトリア）部分（「アジア」側）、イスタンブール海峡（ボスポラス海峡）の東岸に泊まった。Y氏は親戚の家に泊まることになっていたので、夕食をともにしたあと、私は紹介してもらったホテルに泊まった。

「明日の朝は、八時頃迎えに来るよ。朝御飯を一緒に食べることにしよう」

第二日、海峡に架かる橋を越えてトラキア部分（「ヨーロッパ」側）に渡る。

タクスィム地区ギュミュシュスユ通りのワラン本社に行った。毎年何度も、ここで切符を買ったり出発日の予約をしに来たりしたので、販売部長のN氏とも顔なじみである。片道切符を示して、アンカラ・クズルアイ支社で払い戻しを拒否されたことを話す。女支社長の言葉もそのまま伝えた。

N氏は、見る見る赤面した。

「勿論、払い戻し致します。法律というものがある。社の信用というものがある。こんな勝手なことをするなんて、あり得ません」

傍らのＭ夫人も憤《いきどお》った。

「アンカラ・クズルアイ支社。これで二度目だわ。何て恥ずかしい。この前のときも外国人のお客様だった。トルコ語の出来ない人だったから言葉が通じなかったのかもしれないと思ったけれど、今度はそんな言い訳はさせないわ。ちょっとお待ちくださいね。これは、どうしても上司に伝えなくてはなりませんわ。

もしもし、Ｍです。今、外国人のお客様が『アンカラ・クズルアイの支社で払い戻しを断られた』という切符を持って見えまして……ええ、勿論、有効期限内です。出発予定日ですか。いいえ、それがオープンの切符なんです。出発直前も何もありませんわ。断る理由なんて全く何も。……ええ、二度目なんです。同じクズルアイ支社です。社の恥曝《はじさら》しです。……はい。……はい。ええ、私たちが払い戻しをします。……はい、お願いします。はい、どうも。

これでいいわ。全く呆れた。あそこの支社長って、どんな人なのかしら。うちの評判を落とすために他社から潜り込んだ工作員かもしれないわ。あんな人、さっさと馘《くび》になるといいんだわ」

私も全く同感であった。無事に払い戻しを受けたが、何か釈然としない。アンカラの友人の弁護士に訴訟の必要が無くなった旨を連絡してイスタンブールを離れる。一路西へ。

この日はブルガリア国境の少し手前で泊まった。

トルコ語には、日本語と同じく、「恥」「恥を知る」「恥ずかしい」に相当する言葉があり、日本とはやや違った意味だが、やはり「恥の文化」がある。

トルコの政治家にもN氏やM夫人ぐらいの「恥」の感覚があったら…と私は心の底で思ったのだが、トルコに限らず政治家というものは、えてしてクズルアイの女支社長程度の「恥」の感覚しか無いものらしい。

トルコと日本の共通点は他にもある。

例えば、布団《ふとん》。都会は別だが、村々に行くとベッドというものは無い。家の中に入るときは靴を脱ぎ、もし汚れていれば足も洗う。トイレの履物も別になっている。

椅子は無い。座布団に坐る。

日本のようなちゃぶ台は無いが、食卓のことをソフラと言って、金属(銅かアルミ)の巨大な円いお盆に似た物を木の枠に載せてちょうど飯台ぐらいの高さにする。食事が終われば片付けてしまうから一般家庭に特に食堂というものは無く、同じ室《へや》がそのまま居間になる。

日中は折り畳んで重ねてある布団を、夜になると床《ゆか》に敷いて寝る。だから特に寝室というものも無い。

こういったことを話したら、「日本を遠く離れていて懐かしいから日本と共通点のあるトルコに惹かれたんですね。それに決まってる」と早合点した人がいた。日本人である。

その人は恐らく、長年日本を離れていれば日本が恋しくなるから必然的に日本に似た物を探すようになるし、またそうあるべきだと考えているのだろう。そして誰でもそうなるのだと。

私の考えでは、日本が恋しくなったら日本に行けばいいのである。他の国で日本に似たものを探したら欲求不満が募るだけだろう。

また、こんなトルコ人にも遭った。トルコのどの地方が好きかと問うた後、返事も待たずに、「日本は雨の多い緑の国だというから、トルコでも雨が多くて緑濃いリゼ地方が好きなんでしょうね。それに決まっている」

前述の日本人と同じで、十人十色のはずの個人的な好みについてすら相手の意見を聴こうという気が全く無い。自国にあるのと同じものを探すためにわざわざトルコくんだりまで来ることは無い。外国旅行などしないで自分の家でじっとしていたほうがいい。

自分に無いもの、相補うものにこそ人は惹かれると私は思う。いや、私は惹かれると言うべきか。

食事の時やホテルの中では、Y氏と私はトルコ・フランス比較料理論を戦わせたり、トルコの観光業の将来を検討したりした。車中に限り(=壁に耳の無い所で)トルコとそれ以外の国の歴史教育の内容の違いやクルド諸語のことを話題にした。一種暗黙の諒解があって詰問の形になりそうなことは互いに避けていた。ほかのトルコ人が相手だったら刃傷沙汰になりかねない内容のことも話し合ったのだが、この旅のあいだも、その後も、Y氏と私はついに一度も口論したことが無い。

［注釈］

編集部から「不可」という評価を受けたのは、次の三行だけです。

〈トルコの政治家にもN氏やM夫人ぐらいの「恥」の感覚があったら…と私は心の底で思ったのだが、トルコに限らず政治家というものは、えてしてクズルアイの女支社長程度の「恥」の感覚しか無いものらしい〉

一三七ページ最後から六行目

［新書］
　アンカラからリヨンまでの車中で二人が交わした話の中心は、なんと言ってもトルコの少数民族問題であった。知っていることのうちなにを言い、なにを伏せておくべきか、毎晩寝床《ベッド》の中で思いめぐらした。トルコ政府の主張通りのことを言えば喜ぶのはわかっているが、それは相手を愚弄することにもなるし、私の研究者としての良心が許さない。

［草稿］
　アンカラからリヨンまでの車中で二人が交わした話の中心は、何と言ってもトルコの少数民族問題であった。知っていることのうち何を言い、何を伏せておくべきか、毎晩寝床《ベッド》の中で思い巡らした。トルコ政府の主張通りのことを言ってやれば喜ぶのは分かっているが、それは相手を愚弄することにもなるし、コジマがこう言っていたと何かの機会に引用されたら、たちどころに「トルコ政府に魂を売り渡した」との評判が立って、私の信用は地に墜ちてしまう。「知らない」と言っておけば翌日知ったとしてもおかしくはないし、ぎりぎりのところ犬を狼だと言っても「間違えた」で済むかもしれないが、赤い物を青いと言ってしまっては、言い逃れは出来なくなる。

［注釈］
「言ってやれば」という表現が「不可」でした。「相手を見下げる」という含みがあるからでしょうか。

一三九ページ五行目
［新書］
トルコの少数民族のうちで圧倒的多数を占めるクルド人の場合は、西欧の報道機関を引用するにとどめて、自分の証言の責任を回避することもできたかもしれないが、私はあえてそれをしなかった。西欧の報道陣の取材のし方は、私の観察方法とは全く違う。Y氏が聴きたいのは私の情報であるはずだ。そしてY氏と適当な距離を保っておけば、あるいはトルコ政府を「敵に廻す」ことなく研究を続ける道が開けないとも限らない。

［草稿］
トルコの少数民族のうちで圧倒的多数を占めるクルド人の場合は、西欧の報道機関を引用するに留《とど》めて、自分の証言の責任を回避することも出来たはずだが、私は敢えてそれをしなかった。Y氏と適当な距離を保っておけば、もう一度ぐらいはトルコに行けるかもしれない、とい

う期待と計算があったのである。
クルド人、クルド語に関して当時私が知っていたことの中に、言語学上正しくて独立運動側には都合の悪い、従ってトルコ政府にとっては垂涎の的になり得る情報がいくつかあった。それは誰にとっても秘密ではなく、私がそれを言っても決して誰かを裏切ったことにはならない性質のものであった。
もしも私を裏切り者扱いする人がいたとすれば、その人はトルコ政府と同じ穴の貉《むじな》である。明白な事実を政治的な目的のために否定しようとするのだから。

［注釈］
この部分に「過激」と評価された表現はありません。新書一冊に収まる分量に抑えなくてはならなかったため、ほぼ同義になる別の表現で置き換えたのです。残念なことでした。

一四三ページ九行目
［新書］
「僕の推定は、トルコ政府が内々に把握している数字とあまり違わないはずだ。村々の小学校教師は政府が派遣しているんだし、衛生設備調査とか森林調査とかさまざまな名目で村に一、

二泊する役人が、村長に、クルド語を話す者がいるかどうかを訊いて廻っている。政府が知らないはずはない。クルド人を『山岳トルコ人』と呼んだりしていても、政府はクルド人がトルコ人とは違う民族だということは、百も承知だ。アンカラやイスタンブールのクルド人も、出身がどの村かは調べればすぐわかる。自発的な移住と強制移住が重なって、今のトルコは民族的、言語的に非常に複雑なモザイク模様になっているんだ。

君がこういったことを知らないのは無理もない。外交官はクルド人の実数を知らされていないんだ。知っていて嘘八百を並べるのは常人には大変なことだが、信じ込まされたことをそのまま吐き出すのなら誰にでもできて良心も痛まないからね。

政治警察の少数民族課も自分の管轄区域以外のことは知らされていない。全体像を把握している者が少なければ少ないほど情報操作は簡単になる。民は由らしむべし、知らしむべからずというやつさ。権力独占術のイロハだよ」

「驚いた、君には、まったく」

［草稿］

「僕の推定は、トルコ政府が内々に把握している数字とあまり違わないはずだ。政府は、誰がクルド語を話すかは知らなくても、どの村がクルド人かは知っている。村々の小学校教師は政府が派遣しているんだよ。

衛生設備調査とか森林調査とかさまざまな名目で村に一、二泊する役人が、村長に、クルド語を話す者がいるかどうかを訊いて廻っている。政府が知らないはずは無いんだ。口先ではクルド人を『山岳トルコ人』などと呼んだりしているが、クルド人がトルコ人とは全く違う民族だということを政府は百も承知だ。

クルド人は、東部ばかりじゃない。西部にもたくさんいる。アンカラやイスタンブールのクルド人だって、出身がどの村か、調べればすぐ判る。政府が知りたくて知り得ないでいるのは、トルコ語域に移住したクルド人がどの程度トルコ語化されているかだ。逆に政府が最近気づいて慌てている現象もある。クルド語域をトルコ語化するつもりで移住させたトルコ人が、数代経ってみるとクルド語化していることがある。クルド語が母言語でトルコ語は話せないのに民族意識だけはトルコ人というのがいるんだ。政府はこれを『逆同化』と呼んでいるようだがね。自発的な移住と強制移住が重なって、今のトルコは民族的、言語的に非常に複雑なモザイク模様になっている。

トルコ政府と僕の違いは、政府は少数民族の言語がどういうものなのか具体的には知らないし知ろうともしないのに対し、僕のほうは多少なりとも知っている。僕は純粋に学問的な興味で調べたのだが、政府のほうはいかに撲滅するかという政治的な思惑しか無い。

君がこのことを知らないのは無理も無い。外交官はクルド人の実数を知らされていないんだ。知っていて嘘八百を並べるのは常人には大変なことだが、信じ込まされたことをそのまま吐き出すのなら誰にでも出来て良心も痛まないからね。

政治警察の少数民族課だって自分の管轄区域以外のことは知らされていない。全体像を把握している者が少なければ少ないほど情報操作は簡単になる。民は由らしむべし、知らしむべからずというやつさ。権力独占術のイロハだよ」

「驚いた、君には、まったく」

［注釈］

トルコ政府が「逆同化」と呼んでいる現象を記述した件《くだり》を割愛しました。小島剛一は、「逆同化」の実例をいくつか観察したのですが、後にそのうちの少なくとも一件は「偽装逆同化」つまり外国人研究者を騙すための芝居だったことが判明したのです。芝居を打つように強制された人たちも「命と引き換え」だったのかもしれませんから、人道上、場所や人名を明らかにすることは出来ません。「この問題は、複雑すぎる。捏造の可能性が大きいことを詳しく述べるのでなければ書いてはならない」と判断して、自発的に削除しました。

『トルコのもう一つの顔』で伏せたことのかなりの部分を続篇の『漂流するトルコ』では記

述し、前篇では仮名《かめい》で登場させた人物の一部の実名も明かしましたが、まだまだ今は書けないことがたくさんあります。「偽装逆同化」の件もその一例です。

一四五ページ最後から四行目

［新書］

「三つ、政治問題。トルコ政府は、クルド人の言語自治要求を分離独立要求と同じものだと考え、独立主義者は皆ソ連の傀儡《かいらい》の共産主義者だと思い込んでいるが、それは違う」

［草稿］

「三つ、政治問題。トルコ政府は、言語自治要求イコール独立運動だと思い込み、独立主義者はみんな極左のマルクス主義者でソ連の傀儡《かいらい》だと思っているが、それは幼稚な共産主義恐怖症の起こす幻覚だ。少数民族の言語自治要求と独立運動は、次元の違うものだ。

独立主義者の中には左翼だけれど反ソというのが結構多いし、左翼の看板を立てていて自分もいっぱしの闘士のつもりらしいが行動パターンは右翼というのがまた多い。大地主の息子が小作人を顎で使いながら朝から賭けトランプの席で資本家のプロレタリアート搾取粉砕だのとお題目を唱えても僕は信用しないね。そんな連中に限ってやれ男女平等だ、やれ女性解放だと口では言っているが、自分の女房は母親に決めてもらって台所に閉じ込めておくんだ。
　極左というのは、日本でもフランスでもそうなんだが、不思議に細かいグループに分かれて互いに反目する傾向がある。ストラスブールに住んでいるトルコ人、クルド人の間だけでも五十ぐらいの矮小極左グループがあって、何の統一も無い。トルコ国内はもっとひどい。それにトルコでは村落単位で全員右翼だったり全員左翼だったりする。個人の政治的な自覚が無い。政治ごっこをしているだけだ。
　マルクス主義と回教の関係も一筋縄では行かない。マルクス主義者と称する人の中に、回教を否定して無神論を唱える人と、飽くまで回教を捨てない人とがある。後者はマルクス主義のうちの経済理論だけと、回教から経済理論を取り去ったものとを組み合わせているわけだが、前者からは似非マルクス主義者と見做され、イスラーム原理主義者からは神を畏れぬ無神論者と見做されている」

［注釈］
　この部分に「不可」と判定された表現はありません。全体を短くするために割愛しました。

一四八ページ最後の行

［新書］
現在の独立運動の真の源は歴代トルコ政府の他民族強制トルコ化政策であり、それを全面的に廃止してしまわない限りトルコに国内平和は訪れないのだが、このことをトルコ人に正面切って言っても聴く耳を持たないのが普通である。トルコ人は一般に異民族強制トルコ化政策が非人道的なものだとは思っていない。

［草稿］
現在の独立運動の真の源は歴代トルコ政府の他民族強制トルコ化政策であり、それを全面的に廃止してしまわない限りトルコに国内平和は訪れないのだが、このことを正面切って言うわけにはいかない。トルコ人は異民族強制トルコ化政策が非人道的なものだとは思っていない。国益（トルコ人の益）がすべてに優先する。「虫けら」や「泥棒乞食」や「尻尾のある」異民族が自分たちと同等の人間であるとは考えない。出来ることなら「塵芥《ちりあくた》」は「浄化して」（抹殺して）しまいたいのである。Y氏もまた例外ではない。例外だったら外交官などになれるわけは無いのだ。

［注釈］

鉤括弧に入れてトルコ人の発言を引用した「虫けら」「泥棒乞食」「尻尾のある」が「不可」とされました。

「虫けら」と「泥棒乞食」は、初出の時には問題が無かったのです。新書の八ページ九行目に「虫けら」が、一二九ページ一四行目に「泥棒乞食」が、「検閲」に引っ掛からずに出ているのです。ここで突然「不可」というのは解せません。

なお、「泥棒乞食」は、トルコ人だけでなく多くのヨーロッパ人の口から聞く蔑称で、ロム人を差します。

また、トルコ人の間には「クルド人には尻尾がある」という迷信があります。「人間ではない」「家畜扱いが妥当だ」という含みの蔑視と差別意識が根底にあるのです。どうして引用さえも「不可」なのか、小島剛一には理解できません。引用できないのであれば、差別の実態を描写することも出来ません。

Ⅵ 「トルコに移住しませんか」

一五三ページ三行目

［新書］

「トルコの諸方言をご研究なさっているそうですね。Ｙの話を聞いて不思議に思ったんですが、クルド人というのは一体トルコのどこにいるんですか」

Ｚ氏は飽くまでトルコにはクルド人はいないと主張するつもりなのだろうか。

［草稿］

「トルコの諸方言をご研究なさっているそうですね。Ｙの話を聞いて不思議に思ったんですが、クルド人というのは一体トルコのどこにいるんですか」

この一言で私はＺ氏を完全に軽蔑した。白ばっくれるのもいい加減にしろ。犬め。だが、ここで腹を立ててはいけない。相手の推量以上に正確な知識があることを見せつけてやるのが一番だ。私が本当に自分の足で歩き、自分の目で見たのかどうか試すつもりなのだろう。それなら全部のテストに合格してやるまでのことだ。

［注釈］
「犬め」と「見せつけてやる」が「不可」とされました。小島剛一は、草稿を書いた時点では日本の出版事情を何も知らなかったのです。夢中で、次々に浮かんで来る言葉をノートに書き留めて行くだけでした。「白ばっくれるのもいい加減にしろ」は、なぜか、お咎め無しでした。

一五五ページ最後から二行目
［新書］
「おっしゃる通りです。東部にはトルコ人《も》たくさん住んでいます」
Ｚ氏は自分の失敗に気が付いたようだ。少数民族の存在を認めてしまったことに。Ｚ氏は幾分冷静さを取り戻してからつぎの質問に移った。

［草稿］

「おっしゃる通りです。東部にはトルコ人《も》たくさん住んでいます」

Z氏は自分の失敗に気が付いたようだ。少数民族の存在を認めてしまったことに。

実のところ、政府関係者は、自分たち同士では「クルド人」「クルド民族」などの表現をどしどし使っている。ただ、私がそれを知っていることをテキは知らない。

Z氏は幾分冷静さを取り戻してから次の質問に移った。

［注釈］
「テキ」という表現が「不可」とされました。他の全ての「過激」「不可」の箇所も同じですが、別の表現で置き換えろと言うだけで、なぜこの表現ではいけないのかの説明は一切ありませんでした。言葉狩りのことさえも知らなかった浦島太郎は、途方に暮れたものです。

一五七ページ一行目
［新書］
…。しかしなんとZ氏は私を買収しようというのだ……かりに私にそうした取引に応ずる意思があったとしても、Z氏の言うことを額面通りに受け取るほど世間知らずではない。X教授

に、Y氏に、そして今駐仏トルコ大使に知られた存在になった以上、「トルコに移住」は「四六時中監視」を意味する。安楽な生活どころではない。

［草稿］

しかし、何と、Z氏は私を買収しようというのだ。見下げ果てた男だ。仮に私にそうした取引に応ずる意思があったとしても、Z氏の言うことを額面通りに受け取るほど世間知らずではない。X教授に、Y氏に、そして今駐仏トルコ大使に目を付けられた以上、「トルコに移住」は「四六時中監視」を意味する。安楽な生活どころではない。良くって飼い殺し。悪くすれば投獄である。

トルコには少数民族言語は「無い」ことになっており、話すことも研究することも「法律で禁止」はされていない。名指しで禁止すれば存在を認めたことになってしまう。しかし事実は禁止されており、逮捕の名目は何とでも付く。権力者の一存で白い物が黒にされてしまう国である。

［注釈］

「飼い殺し」が「不可」でした。理由は、今でも分かりません。

一五九ページ最後から四行目

［新書］

内地とは、アルザス人がフランスのアルザス以外の地方を呼ぶときに使う言葉である。アルザスに長年住んでいると、私の地理感覚にも地域性がにじんでくる。

［草稿］

内地とは、アルザス人がフランスのアルザス以外の地方を呼ぶときに使う言葉である。ヴォージュ山地の向こう側は「フランス本土」で、こちら側はアルザスなのだ。「内地のフランス人」とアルザス人をはっきり区別する。「明日フランスへ行って来るよ」という表現さえ珍しくない。アルザスに長年住んでいると、当然、私の地理感覚にも地域性が滲んで来る。

［注釈］

フランスの「僻地」の少数民族の地理感覚を説明しようと思ったのです。全体の分量を減らすために泣く泣く割愛しました。「明日フランスに行って来るよ」という表現を初めて聞いた時の驚きは、後に『トルコのもう一つの顔』の「まえがき」の冒頭に書きました。

一六二ページ四行目

［新書］

友人たちの危惧はわからないでもないが、私はこの招待を受けることに初めから決めていた。

［草稿］

友人たちの危惧は分からないでもないが、私はこの招待を受けることに初めから決めていた。実のところ、帰って来られないかもしれないと私も思う。だが、友人たちには理解できないことだが、アルザスを「第二の故郷」とすれば、トルコは私にとってすでに「第三の故郷」になっている。最後の機会かもしれないトルコ行きを断念することは、私自身のかけがえの無い一部分を生きたまま埋葬することだ。

トルコという国は、鎖に繋がれた鉄格子の中の美女だ。典獄が重い扉を今一度開けてくれると言ったら、恋する男は二度と出られなくなる危険を冒してでも中に入ろうとするだろう。

［注釈］

「鎖に繋がれた鉄格子の中の…」という比喩が「不可」になりました。

これとは別の問題があります。小島剛一には、幼年期に何度も転居を繰り返したため、「故郷」と呼べる場所は「故国」日本のどこにもありません。その意味では〈アルザスを「第二の故国」とすれば、トルコは私にとってすでに「第三の故国」になっている〉とするのが正確な表現でしょう。しかし「故国」よりも「故郷」のほうが、狭い地域での長期間に亙る濃密な人間関係を前提としているため、強い情動を伴った言葉です。「筆者の個人史は、著作に現れた比喩の中の個々の語とは無関係」と割り切って、「故郷」を選びました。

一六五ページ八行目

［新書］

一九八〇年九月十二日の軍事政権成立後、「政治は言語に介入しない」ことになった。ところが、もう使う人のいなくなってしまった古いアラブ語起源の難語を学校教育で使うように政府が「指導」している。アラブ語起源の難語を頻用するのは、トルコでは、イスラーム原理主義者の特徴である。一九八二年の新憲法以来「神を冒瀆する言葉」を口にすることが憲法違反になったのは、果たしてこれと無関係なことであろうか。

［草稿］
一九八〇年九月十二日の軍事政権成立後、この政策を廃止し、「政治は言語に介入しない」ことになったが、それがまた建前だけのことである。もう使う人のいなくなってしまった古いアラブ語起源の難語を学校教育で使うように政府が強制している。なぜアラブ語を使うのか。それはアラブ語がコーランの言葉だから。建前だけの「政教分離」の国で、名を名乗らないイスラーム原理主義が進行している。

［注釈］
草稿版と新書版と両方を組み合わせた少し長い文章のほうが現代トルコ語史の状況を良く表わします。この時に草稿に書いた「名を名乗らないイスラーム原理主義」は、二〇一六年現在、エルドアン政権が引き継いでいます。

一六七ページ六行目
［新書］
カイセリ県プナルバシュ郡の住民は、大多数がチェルケズ諸族であり、アブゼフ人も多い。あるアブゼフ人の村に住むK氏は敬虔な回教徒で毎日五度のお祈りを欠かさないが、ある日ラ

ジオをいじっているうちに、偶然にソ連のアブゼフ語の放送が入り、放送の内容はともかくも、アブゼフ語に「胸が揺らいで」最後まで聞いてしまったと言う。

［草稿］

カイセリ県プナルバシュ郡の住民は、大多数がチェルケズ諸族であり、アブゼフ人も多い。あるアブゼフ人の村に住むK氏は敬虔な回教徒で毎日五度のお祈りを欠かさないが、ある日ラジオをいじっているうちに、偶然にソ連のアブゼフ語の放送が入り、放送の内容はともかくも、アブゼフ語に「胸が揺らいで」最後まで聞いてしまったと言う。こんな言葉をトルコ人に聞かれでもしたら大変なことになる。K氏の心情にはお構いなく「ソ連の犬」にされてしまうだろう。

あるダム工事の現場で働いていたS氏はチェルケズ人だと名乗ったが、民族名は知らなかった。すっかりトルコ語化していて、父祖の言語も単語がいくつか思い出せる程度だった。

「パンのことをお祖父さんやお祖母さんは何と言いますか」と問うてみた。S氏は、しばらく考えた後、自信なさそうに答えた。

『ハロー』だったかな…」

「じゃあ、あなたがたはアブゼフ人です」

「どうしてそんなことが言えるのですか」

「パンのことを『ハロー』と言うのは、チェルケズ諸語のうちでアブゼフ語だけだからです」

［注釈］

アブゼフ語は、「アドゥゲ語」とも言います。日本では、なぜか「アディゲ語」という誤ったカタカナ転写が優勢です。専門的になり過ぎるのでこの本には書きませんでしたが、S氏の「ハロー」の発音は、正確でした。無声咽頭摩擦音の［ħ］で始まるのです。きっと幼児の頃は祖父母などと普通にアブゼフ語を話していたのでしょう。たった一語の発音だけで民族名が判明するのは珍しいことです。S氏本人も、周りの人も、狐につままれたような顔をしていました。

一七二ページ一行目

［新書］

…。物言わぬ民、西部のクルド人にまず言及した私の答え方は意表を衝《つ》いていたのだ。

［草稿］
……。物言わぬ民、西部のクルド人にまず言及した私の答え方は意表を衝《つ》いており、テキは完全に不意打ちを食らったのだ。

［注釈］
「テキ」と「喰らった」が「不可」と判定されました。この辺りまで来ると、こちらも「ああ、またか」と思うようになっていました。「過激」ではなく「下品」だと言いたいのでしょう。何の説明もしないで「表現ＯＫ？」と書き込むだけのやり方には、ほとほと困りました。こちらには、何を問題にされたのか、見当も付かないのです。

一七三ページ最後から三行目
［新書］
「これがあれば行った先々で警察や憲兵隊に誤解されることなく安心していられますよ。ストラスブールに帰ったら、すぐトルコ総領事館に行って、この査証《ビザ》の申請をしてください。総領事のＢにはこちらからも連絡しておきます」

［草稿］
「これがあれば行った先々で警察や憲兵隊に誤解されることなく安心していられますよ。ストラスブールに帰ったら、すぐトルコ総領事館に行って、その査証《ビザ》の申請をしてください。総領事のＢには我々からも連絡しておきます」

次の申し出には驚いた。トルコ政府が私に「研究費」を出すというのである。学問に対して中立でない政府の金はヒモ付きどころか「鎖付き」である。またも私を買収しようと言うのか。試しに金額を訊いてみる。月に二百ドル。これは、また、ひどく見くびられたものだ。トルコ国内ではかなりの大金だが、物価水準の違う日本やフランスから見れば端金《はしたがね》である。それとも、トルコ政府が出す「研究費」としてはこれが相場なのだろうか。

「私がトルコ政府から一リラでも金を受け取ったという噂が流れれば論文は無価値になりますよ。『政府に頼まれたとおりに書いたのだ。売春行為だ』と言われます」

「先生が誰にも言わなければいいのですよ」

この金を断わればトルコ政府に協力を渋ると見做されるのだろう。査証の約束も反故《ほご》になるのだろう。正直なところ、トルコ政府の気に入るような論文を書くつもりは全く無い。金を騙し取られた、裏切り行為だ、と政府のほうが口惜しがることだろう。口惜しがらせておけば良い。トルコ政府の出した金がいくばくでも少数民族言語の研究に役立つなら、むしろ勧善懲悪の図式になる。判官贔屓《ほうがんびいき》の日本人としては、非道な政府から奪った金を貧しい東部でばら撒けば、せめて鼠小僧ぐらいの自己満足は得られる。

「そうですね。みすみす損と知ってあなたがたが言うはずは無いし」

申し出は、もう一つあった。私の論文は、フランスで発表するつもりだから当然フランス語で書くのだが、トルコ政府がその出版費用を持つ上、英語、ドイツ語、トルコ語への翻訳とその費用も全部負担すると言うのだ。

私の論文を二ページも読んだらそんな費用はただの一フランも出さないことにするだろうが、それまでは思いたいことを思わせておけば良い。

帰仏の日まで自由になった。私は、大アンカラ・ホテルに泊まったまま、アンカラ在住の友人たちに会った。アンカラには、ほとんどあらゆる少数民族が集まっている。研究の機会を利用しない手は無かった。

［注釈］

新書では割愛しましたが、この「研究費支給」の件は、帰仏の日まで重く心にのしかかっていました。

ストラスブールで信頼出来るフランス人の友人たちに打ち明けたところ、

「月に二百ドル!?　あはは、そんなの貰ったうちに入らないよ。拾い銭を集めて慈善事業に寄付しに行くとでも思ったらいい。ロビン・フッドの見習い小僧ってところだね。君がいつか金額を公表したら、恥を掻くのはトルコ政府のほうだ」

…という反応でした。イギリスのロビン・フッドの伝説は、フランスでも有名です。

Ⅶ　トルコ政府の「許可」を得て

一七四ページ一行目

［新書］

六月一日にはトルコで調査を始めるつもりでいたのだが、研究調査査証《ビザ》がなかなかおりなかった。ひょっとするとトルコ政府の気が変わったのではないかと心配にもなった。査証がようやくおりたのは六月も下旬である。旅装を整えて総領事館に行き、晴れて査証をもらう。待っていた友人の車で送ってもらい、ライン河に架かる国境の橋を越えて西独のケールの町へ。そこで落ち合った他のトルコ移民数人と一緒に小型バスを借り切ってシュトゥットガルト空港に乗り付ける。真夜中出発、早朝アンカラ着である。

［草稿］

一九八六年六月。

六月一日にはトルコに入国できるつもりでいたのだが…研究調査査証《ビザ》がなかなか下りなかった。

六月五日…十日…。待ちくたびれて、ひょっとするとトルコ政府の気が変わったのではないかとも思う。連日のようにB氏やD氏に電話するが、「今日、明日には届くはず」と判で押したような返事ばかり。そのうちに月半ばも過ぎてしまった。

これでは調査計画を大幅に変えざるを得ない。

ある日D氏が「お待ちかねのものが来ましたよ」と言う。てっきり研究調査査証が下りたと思ったのだが、糠喜びだった。「研究費」が届いたのである。そんなもののことは、すっかり忘れていた。

とまれ「研究費」が出たのなら査証もそのうちに来るはずである。いくらか安心した。

六月も下旬になってようやく査証が下りたが、バカンスのシーズンが始まってしまい、飛行機もバスも満席である。D氏のコネで、トルコ移民専用のチャーター機に乗せてもらえることになった。

旅装を整えて総領事館に行き、晴れて査証をもらう。待っていた友人の車で送ってもらい、ライン河に架かる国境の橋を越えて西独のケールの町へ。そこで落ち合った他のトルコ移民数人と一緒に小型バスを借り切ってシュトゥットガルト空港に乗り付ける。真夜中出発、早朝アンカラ着である。

［注釈］
『トルコのもう一つの顔』には書きませんでしたが、この時、国境の橋を越えてケールの町まで車で送ってくれた年上の友人は、アルメニア人です。その人のお父さんは、年端も行かない頃に半殺しの目に遭ってオスマンル帝国から逃げ出したそうで、生前、「今でも年に一、二度、『トルコ人どもは、俺がこのまま死んでしまうまで殴打を続けるつもりだ』と確信して絶望した時の悪夢にうなされる」と言っていました。

一七四ページ最後から三行目
［新書］
Ｂ氏に言われた通り、すぐ外務省に赴いた。Ｅ氏はいない。駐シリア大使に就任したという。Ｇ氏が代わりに私の件の係になった。「滞在許可証を取るために外国人登録局に行ってくださ

い。S夫人が待っています。そのあとすぐ戻って来てください」と言われて外国人登録局に足を運んだのだが、アンカラ県に滞在するのではないからS夫人の管轄ではないのだそうだ。行く先々の県庁でその県にのみ有効な滞在許可証をその都度取るのだという。これでは時間の損失が大きい。調査計画を大幅に変えなくてはならない。

［草稿］

B氏に言われた通り、まず外務省に赴いた。E氏はいない。駐シリア大使に就任したという。G氏が代わりに私の件の責任者になったという。

「滞在許可証を取るために外国人登録局に行ってください。S夫人が待っています。そのあとすぐ戻って来てください」

S夫人は、訳が分からないという顔をする。

「研究調査が目的の滞在なら教育文化省の管轄のはずですよ。でも、とにかく、H大学の言語学科から証明書を貰って来てください」

「言語学科との繋がりはありません」

「何ですって!?」

S夫人は外務省に電話する。

外務省にそのまま戻ることになった。私は、アンカラ県に滞在するのではないから、S夫人の管轄ではないのだそうだ。行く先々の県庁でその県にのみ有効な滞在許可証をその都度取るのだという。

次の県に着く度にいちいち県庁所在地まで出向いて許可証を取ってからまた県境の村に戻るのでは時間の無駄が馬鹿にならない。またまた調査計画を変えなくてはならない。写真も何十枚も要る。アンカラでスピード写真の出来る所はどこだろう。

［注釈一］

お役所仕事というのは、どこの国でも似たり寄ったりのようです。二言目には「管轄じゃない」と言われて困りましたが、小島剛一がこの時に取得した査証は、本当に前例の無いことだったようです。「トルコ共和国始まって以来の特例」だったことが判ったのは、何年も経ってからのことです。

［注釈二］

この時期に駐シリア大使に就任したトルコ人は一人しかいませんから、名前を伏せていても

E氏の身許は簡単に調べが付きます。S夫人やX氏、Y氏、Z氏も、トルコ政府がその気になって調べれば、名前や経歴などがすぐ判明します。そのため、中公新書編集部から「登場するトルコ人に迷惑がかかることは無いか」との質問を受けました。「ありません」と答えました。

一七五ページ四行目

［新書］

外務省に戻ると、私に随行員をつけるという。これには困った。「研究調査の手助け」をするのだとG氏は言うが、実は監視役であることは明々白々である。

［草稿］

外務省に戻る。私に随行員を付けると言う。「研究調査の手助け」をするのだそうだ。何たることだ。トルコ人が傍《そば》にいたら少数民族は、母言語などしゃべりはしない。研究の手伝いどころか妨害だ。

それよりも私が心配したのは、随行員がMİT（諜報機関）の者である可能性だ。私と話をした人たちが次々にひっ捕らえられて「事情聴取」される光景が目に浮かぶ。

これは罠だ。罠にかかったのだ。私を囮《おとり》にして「独立主義者」をおびき寄せ、一網打尽にしようというのだ。トルコでは、少数民族が官憲の耳に聞こえる所で母言語を喋っただけで「独立主義者」と見做されてしまうのだ。

これを惧《おそ》れて、本当の意味での独立主義者が存在しないザザ人やラズ人の言語を今回の研究の対象に選んだのだが、私はトルコ政府の猜疑心を過小評価していたのだ。酷い目に遭うのは、何も知らないザザ人やラズ人だ。私は二度とあの人たちに合わせる顔が無くなる。

さもなくば、予め示し合わせた贋少数民族や「○○語を話す自称元々トルコ人」に私が囲まれるように随行員が計らい、私を、政府にとって都合の好い誤った結論に導こうという計画なのかもしれない。そのほうがまだマシだ。私一人が退屈するだけで済む。

［注釈］

後日、どちらの推測も「一部正しかった」ことが分かりました。事情聴取された人は数名だけで済んだようです。贋少数民族なども何人か小島剛一に近付いて来ましたが、臨地調査に慣れた言語研究者はそんなものには騙されません。また、土地の人にはよそ者の存在が一目で判りますから、現地の人が迷惑をこうむることもありませんでした。

一七五ページ最後から三行目

［新書］

G氏は電話でJ氏を探す。J氏が随行員の人選をするらしい。私はもう一度調査計画大幅変更をする。監視役がいてもなんとかなる地域だけに限る。

［草稿］

G氏は電話でJ氏を探した。J氏が随行員の人選をするらしい。私は何度目かの調査計画大幅変更をする。監視役がいても何とか細工が出来る所だけに限る。危険は避けられないとしても、せめて最小限に食い止めなければ。

［注釈］

「監視役がいても何とか細工が出来る所」は、「すでに多数の友人知己がいて危険信号を迅速に伝えることの出来る土地」という意味です。

一七九ページ二行目

［新書］

やがてＰ氏が私を迎えに来た。県知事Ｒ氏との対面である。

［草稿］

やがてＰ氏が私を迎えに来た。全県一の嫌われ者、呪われ者の県知事Ｒとの対面である。

［注釈］

県知事Ｒに関する予備知識を西欧諸国のメディアと現地の多数の被害者から得ていたため、この部分では無意識のうちに「Ｒ」と呼び捨てになりました。編集部に「そのやり方は、拙い」と言われました。

一八〇ページ二行目

［新書］

Ｐ氏の後についてＲ氏の室に入る。Ｒ氏は、十秒間ほどもじっと私を見つめたあと、重々しく口を開いた。「あなたはトルコに関してなにを知っているのですか」と尋問口調。

［草稿］

Ｐ氏の後に蹤《っ》いてＲ氏の室に入る。事前に大量の情報を得ている私にはＲが憎々しい人物に見えるのだが、別種の情報を得ているＰには好ましい人物と映るようである。

Ｒが、十秒間ほどもじっと私を見つめたあと、重々しく口を開いた。

「あなたはトルコに関して何を知っているのですか」

尋問口調である。知られたくないことがたくさんあるから、こういう質問になる。

［注釈］
「知られたくないことがたくさんあるから、こういう質問になる」という表現が「不可」と判定されました。Ｒは、「初対面の挨拶をする前に十秒間ほども厳しい目付きでじっと相手を見つめる」という礼節を弁えない態度を示したのです。それで説明は十分だと思ったのですが、編集長には伝わりませんでした。

一八一ページ八行目
［新書］
六月はまるまる一ヶ月も待たされることでつぶれてしまったのだ。ここでまたまる一日無為

に過ごしたくはない。それにR氏の客になる気はしなかった。

［草稿］

六月はまるまる一ヶ月も待たされることでつぶれてしまったのだ。ここでまたまる一日無為に過ごすなんて真っ平だ。それも二十四時間PとRの監視尋問ではかなわない。十月末まで持ち堪《こた》えられるように、忍耐力の無駄遣いは極力避けなくてはならない。Rが、拷問を指令するだけでなく、自身拷問官であることを私は知っているのだ。

［注釈］

「Rが、拷問を指令するだけでなく、自身拷問官であることを私は知っているのだ」は、「不可」でした。

一八四ページ五行目

［新書］

翌朝郡司と会う。ここでもまずP氏が一人で郡司の室に入り、私は三十分ほども待たされた。型通りの挨拶のあと、チャイ。郡司は警察署と憲兵隊に電話して署長とハイリーを呼んで引き合わせた。警察署長は別の人に替わったという。ハイリーが先に到着した。

［草稿］

翌朝郡司と会う。ここでもまずPが一人で郡司の室に入り、私は三十分ほども待たされた。型通りの挨拶のあと、チャイ。郡司は警察署と憲兵隊に電話して署長とハイリーを呼んで引き合わせた。警察署長は別の人に替わったという。ハイリーが先に到着した。私は精一杯の外交微笑を浮かべて握手に応じた。人間の排泄物を常食するインドの黒豚の糞《ふん》をもろに摑んだような気がした。

［注釈］

「人間の排泄物を常食するインドの黒豚の糞《ふん》をもろに摑んだような気がした」という一文は、「絶対に不可」でした。トルコやフランスの風刺新聞の絵と文の下品な表現に慣れている小島剛一の感覚は、時として日本の公序良俗に反してしまうようです。

一八六ページ終わりから四行目

［新書］

私と話をしたためにあとで「事情聴取」されるのではないかと危惧を述べたが、返事は異口同音に、「心配するな。覚悟はできてるさ」

［草稿］

私と話をしたために後で「事情聴取」されるのではないかと危惧を述べたが、皆、そんなことは心配するなという返事だった。

「理由なんか無くたって毎日ぶん殴られるんだ。お前と話したって話さなくたって同じことさ。その覚悟でなきゃ誰もお前と話をしには来ない。お前のお蔭でここ何日か大通りでおおっぴらに『我々の言葉』がしゃべれるだけでも嬉しいよ」

［注釈］

「毎日ぶん殴られる」は「何の理由も無く、いつ拷問されるか分からない」という含みの婉曲な表現だったのですが、編集者にとっては「過激な」表現だったようです。

一八七ページ四行目

［新書］

私の置いた言伝は「先に寝ます」であった。

［草稿］
私の置いた言伝《ことづて》は「先に寝ます」であった。

次の日もPのイスラーム原理主義が、皮肉にも、私の救いの神になった。ただこの神様は決まった時間にならないと現われない。午前中はお祈りが無いので私はじっと耐えるほかは無い。Pはトルコ国内を旅行したことが無いので、この時代のトルコのホテルの九十九パーセントでは客の留守の間に従業員が誰も室に入らないということを知らなかった。「夕方帰ってみたらベッドのシーツが乱れたままだった」とぷりぷり怒っている。

「大アンカラ・ホテルの六十七分の一の宿泊料なんですよ。シーツを直してくれるホテルなんて、トルコでは、アンカラとイスタンブールとイズミルを除いたら、一県に二つもあったら多いほうです」と言ってやったらますます怒った。Pは大アンカラ・ホテル級の宿に泊まったことは無いのだ。尤《もっと》も、私だって自腹を切って泊まったわけではない。

Pが村人のいる所で「クルド語はもともとトルコ語起源で…」と愚かさを発揮し始めたので、現地調査というのは教わることであって教えることではない、黙っていてくれと頼んだら突如激怒した。

「現地調査に来たのは俺じゃない。お前が勝手にやれ。俺は自分の思う通りを言う権利がある」と宣《のたも》うた。そのくせ、

「お前の調査を助けるために出来るだけのことをやった」のだそうである。

「村人との仲を取り持ってやった」のだそうである。見解の相違というのは恐ろしい。

「お前のために」妻子をアンカラに残してきたのだと言う。随行手当が欲しくてアルバイトに出て来ただけなのに。

［注釈］

クルド人ではなくザザ語を話す村人に「クルド語…」という話を振るPには、ほとほと手を焼きました。クルド語のクの字も知らないくせに「クルド語はトルコ語起源だ」と事実無根の政府見解を繰り返す大学人は、御用学者です。御用学者でなければ、この時代のトルコでは大学に職を得ることは不可能でした。あれから何十年経っても、この事態は変わっていないようです。「御用学者」は、中公新書の編集部では禁句でしたから書けませんでした。

一九四ページ一〇行目

［新書］

Z氏以上のとぼけかただ。

［草稿］

Z氏以上の愚か者だ。

［注釈］

本当は率直に「嘘つき」「恥知らず」と言いたいのを婉曲に「愚か者」と書いたつもりだったのですが、その「愚か者」を「もっと穏やかな言葉で」置き換えさせられました。婉曲さが不十分だったようです。「とぼけかた」は苦肉の策でした。

二〇〇ページ二行目

［新書］

観光解禁になったボズジャ島(テネドス島)に渡って海水浴を楽しむ。外国人は、チャナッカレで入島許可を取って来なくてはならないのだが、知らずに許可なしに島に来た者にも一泊だけは滞在を許容する方針になっていた。そのつもりなら小さな島だから一泊二日で隈なく歩き廻れる。ギリシャ人の数がめっきり減っていた。移民する人が多いのだ。ギリシャ系島民の主な移民先はフランスのアルザス州のある町。ストラスブールの近くである。私はチュンギュシュでT氏の村人に言った言葉が気になっていた。

「ボズジャ島のギリシャ人は皆外国に逃げて行ったよ。あの島も完全にトルコ化した。そのうちに『もともとトルコだった』ということになるさ」

だがギリシャ人はこの島にいる。T氏の情報源は何だったのだろう。

［草稿］

観光解禁になったボズジャ島（テネドス島）に渡って海水浴を楽しむ。ギリシャ系島民の移民先はフランスのアルザス州下ライン県のある町。私の住んでいる大学都市ストラスブールのすぐ近くで、実は知り合いも何人かあった。

一九八六年にこの島を再訪したときには、「特別許可」が本当に下りるようになっていた。知らずに許可無しに島に来た者も一泊だけは許容する方針になっており、そのつもりなら小さな島だから一泊二日で隈無く歩き廻れる。

ギリシャ人の数がめっきり減っていた。島へ来る少し前に、トルコのある大学の社会学の助教授だというT氏がチュンギュシュで村人に「ボズジャ島のギリシャ人は皆外国に逃げて行ったよ。あの島も完全にトルコ化した。そのうちに『もともとトルコだった』ということになるさ」と事も無げに言うのを聞いていたので、僅かでもギリシャ語を耳にした時には、安堵の溜息をついた。

「トルコには御用学者しかいない」という私の個人的な確信が次第に客観的にも鉄則の様相を帯びて来ることを確認したこと自体は悲しむべきことだったが。

当時、「北隣のイムローズ島の住民の大部分はギリシャ人だ」とトルコ人の島民が言っていた。一九八六年にはそのイムローズ島も観光地化が始まり、島民の近親でなくても入島許可が下りることになったそうだ。その数年前、トルコ語の新しい地名「ギョクチェ島」が決まったが、その名を使うのはトルコ国営のテレビやラジオのアナウンサーぐらいのものであった。

歴史抹消を目指して、非トルコ語の地名をトルコ語の新地名で置き換える「地名トルコ化政策」を歴代のトルコ政府は取り続けているが、これがいっこうに民衆の口に馴染まない。どこかの国の「富士見台」のように似たり寄ったりの個性の無い名称がやたらに増えただけ。ことに、山を越え村々を廻る旅は、旧地名を知らないと不可能である。どうせ狭い範囲の土地の者だけしか使わない村落名、集落名をどんどん変えている一方で、イスタンブール、イズミル(いずれもギリシャ語起源)、ワン湖(アルメニア語起源)などは昔のまま、そして国号の「テユルキイェ」の語尾はれっきとしたアラブ語…まったくいい加減なものだ。

［注釈］

「御用学者」という表現に、編集者の手で、「表現ＯＫ？」という書き込みがしてありました。この本で描写している一九七〇〜八〇年代のトルコでは国家の捏造した「トルコ共和国にはトルコ人しかいない」という真っ赤な嘘を「真実だ」と言わなければ誰も平穏に生きては行けなかったのですが、「万人が同じ嘘を吐《つ》く社会」というものは編集者には想像も付かないことだったのでしょう。

二〇三ページ一一行目

［新書］

この数日前、サムスン郊外に住む婦人科医Ｏ夫人の家に夕食に招かれたのだが、話題がクルド人のことになったとき、一家は「トルコは社会主義国ではないから少数民族に言語自治を与えることができない」と主張し、社会主義体制と言語自治のあいだに相関関係を見い出せない私と意見が合わなかった。「ここはトルコよ。国民全部がトルコ語をしゃべるのが当然だわ。クルド語を話したい者はクルディスタンに行ってしまえばいいのよ」と叫んだＯ夫人の金切り声が今でも耳に残る。

［草稿］

この町で私は、トルコで後にも先にもただ一度だけ、夕食の席を蹴ったことがある。郊外に住む婦人科医O夫人宅に招かれたのだが、H大学の政治学科の学生だというAも同席していた。このAが言うことに、

「トルコは社会主義国ではないから少数民族に言語自治を与えることができない」

私はすぐさま反論した。

「スイスは、社会主義国ではないが、四言語全てに言語自治があります」

「それは特殊ケースです」

「インドも、社会主義国ではないが、言語州というものがいくつもあって、自治権がある。禁じられている言語は一つもありません」

「それも特殊ケースです」

「米国の公用語は英語だが、禁止言語は一つも無い。何語で話すのも新聞を発行するのも自由です」

「それも特殊ケースです」

「ブルガリアは社会主義国だが、少数民族のトルコ人に言語自治権はありません」

「それも特殊ケースです」

O夫人もO夫君もO夫人の父親も同意見だった。O夫人が言う。

「ここはトルコよ。国民全部がトルコ語をしゃべるのが当然だわ。クルド語を話したい者はクルディスタンに行ってしまえばいいのよ」と金切り声を張り上げた。

［注釈］
O一家の言うことは、論理が完全に破綻していました。思い込みの結論が先にあって、都合の悪い事実は全て「特殊ケースだから斟酌しない」と決めて無視するのでした。知っていたらこんな人たちの家に行くのではありませんでした。

二〇三ページ最後から二行目
［新書］
…。まるでクルディスタンがトルコの外のどこかにあるとでも言いたげな口ぶりだったので、それではクルディスタンは一体どこにあるのかと尋ねたところ、返事は、「ソ連よ」であった。

「クルド語を話したがる者」は皆ソ連の傀儡だとでも考えているのであろうか。O家を去るとき、閉めた戸の向こうで私のことを「共産主義者」「ソ連の犬」と言っているのが聞こえた。夫君のO氏はサムスン・ロータリー・クラブの会員。この日の会食の席にもいた。

［草稿］

まるでクルディスタンがトルコの外のどこかにあるとでも言いたげな口ぶりである。それではクルディスタンは一体どこにあるのかと尋ねた。

「ソ連よ」

無知蒙昧もいいところだ。共産主義恐怖症もここまで来ると滑稽味を帯びて来る。話題を変えようと提案した。Aが許さない。飽くまで自分の主張を私に呑み込ませようとする。それ以上、長居は無用だった。攻撃的な全体主義の国粋主義者と話すことは何も無い。ドアの向こうで「共産主義者」「ソ連の犬」と言っているのが聞こえた。サムスンまで八キロの夜道を、歩いて帰ったのだった。

［注釈］

「全体主義の国粋主義者」という表現が「過激」と見做されました。O一家の言動を形容するのに他にどんな「穏やかな」表現が可能だったのか、小島剛一には分かりませんでした。それなら…と、削除するほうを選びました。

二〇七ページ最後から四行目

［新書］

再び夜行バス。夜行バスは疲れる。ほとほといやになったが、リゼには飛行場はない。翌日の飛行機でサムスンに飛んでバスに乗り継ぐよりも、直通の夜行バスのほうがずっと早く着けるのだ。車中W氏の質問が始まった。バスの中でトルコ語で「あなたのお国、日本では」という表現が聞こえれば、乗客全員が耳をそばだてる。トルコ語の話せる日本人がいるのなら返事を聞いてみたいと思う。乗客の中にはラズ人もいるはずだし、ヘムシン人もいるかもしれない。少数民族語を研究しに来た日本人の噂はあっと言う間に拡がるだろう。だから私は迂闊なことを言うわけには行かないのだが、W氏の質問はやまない。夜行バスの車中で仮眠を取る直前、初対面の相手との会話としてはふさわしくないことばかりを言う。たとえば、「あなたの言語研究の政治目的は何ですか」と。W氏は、政治目的のない言語研究はないと思っているらしい。学問研究の目的は知識そのものである。成果を政治的に利用することはできるが、それは政治家の仕事だ。つぎには、「あなたがラズ語の研究をすることで日本政府はどんな利益を得るのですか」と訊く。私はそんなことは考えたこともない。W氏は一体なにを考えているのだろう。しまいには、「なぜリゼに一ヶ月もいる予定を立てたのですか。長すぎますよ」と言う。これが「研究調査の手助けをするための」随行員の言うべき言葉だろうか。もう眠くてしょうがない。私が目を閉じて返事をするのをやめてしまっても、W氏はさらにしばらく質問を続けた。

［草稿］

再び夜行バス。夜行バスは疲れる。ほとほと厭になったが、リゼには飛行場は無い。翌日の飛行機でサムスンに飛んでバスに乗り継ぐよりも、直通の夜行バスのほうがずっと早く着けるのだ。

車中W氏は口煩《うるさ》く質問を始めた。

研究費はどこから出ているかと訊く。W氏が答えを知らないのだとしたら、私はそれを言ってはいけないはずだ。それに、座席の間に仕切りが無いから、誰でも私の話に耳を澄ませることが出来る。

言語研究の政治目的は何かと問う。学問研究の目的は、学問そのもの、知識そのものである。成果を政治的に利用することは出来るが、それは政治家の仕事であって学者は無関係だ。あなたがラズ語の研究をすることで日本政府はどんな利益を得るのか。私はそんなことは考えたこともない。

トルコ語で「あなたのお国、日本では」という表現が聞こえれば、乗客全員が耳をそばだてる。トルコ語の話せる日本人がいるのなら返事を聞いてみたいと思う。乗客の中にはラズ人もいるはずだし、ヘムシン人もいるかもしれない。リゼに着くや否や、ラズ語とヘムシン語を研究しに来た日本人の噂はあっと言う間に拡がるだろう。だから私は迂闊なことを言うわけには行かないのだが、W氏の質問はやまない。

しまいには、なぜリゼに一ヶ月もいる予定を立てたのかと訊いた。「長過ぎる」と言うのである。長過ぎるかどうかWの知ったことではない。これは、絶対に学問人ではない。諜報機関員に決まっている。不愉快極まりない。私はもう眠くてしょうがない。

私が目を閉じて返事をするのをやめてしまっても、W氏はさらにしばらく質問を続けた。嫌がらせとしか解釈のしようの無い態度だった。

［注釈］
Wが諜報機関の派遣した人員であって学問人でないことは、初対面の時に直観的に分かりました。一九九五年にリゼ県を再訪した時に聞いたことですが、ラズ人もヘムシン人も「見て

すぐ諜報機関員だと分かった」と言っていました。

二一三ページ一〇行目

［新書］

……。W氏は警察官に言い訳をする。

「私は学問上のことは手助けできるのですが行政上のことには暗くて…」

［草稿］

……。W氏は警察官に言い訳をする。

「私は学問上のことは手助けできるのですが行政上のことには暗くて…」

嘘だ。私に時間を無駄遣いさせるのが目的でわざとしたことだ。学問上の手助けが聞いて呆れる。

［注釈］

「嘘だ」が「不可」でした。

ここまで読み進めた読者には洞察できるはずと考えて、一行そっくり削除しました。

二一五ページ最後から五行目

［新書］

…。滞在中、結婚式の披露宴に招かれたのだが、私は皆にせがまれてラズ語で歌を歌おうとして官憲の手で退場させられてしまった。警察官が「ラズ語が禁止だということをあなたは知っているはずです」と言う。G氏の言葉「トルコは民主主義国家です。クルド人やラズ人がどんな言葉をしゃべろうと、それを禁止するなどということはありません」を思い出す。ラズ民謡「ハイデ・メンデ・ギヨナ」はその日以来私の喉元につかえたままである。

［草稿］

滞在中、結婚式の披露宴に招かれたのだが、私は皆にせがまれてラズ語で歌を歌おうとして官憲の手で退場させられてしまった。

「ラズ語が禁止だということをあなたは知っているはずです」と警察官。

こと言語に関しては、トルコは典型的な全体主義国家である。G氏の言葉「トルコは民主主義国家です。クルド人やラズ人がどんな言葉をしゃべろうと、それを禁止するなどということはありません」を思い出す。

ラズ民謡「ハイデ・メンデ・ギヨナ」は、その日以来私の喉元につかえたままである。

［注釈］

少数民族の言語で歌を歌うことを禁止する国を、議事堂内でクルド語を話した国会議員を即刻逮捕投獄する国を、「言語に関しては典型的な全体主義国家」と形容するのは、「過激な」ことでしょうか。

二一七ページ三行目

［新書］

いずれも愚問である。人間の言葉は、方言も隠語も片言も寝言も戯言《たわごと》もすべて言語である。すべての言語はその体系の中で適当な語彙を選んで教育用語として使用できる。戯言などはあまり使わないほうがよさそうな気もするが、反面教師と言う言葉もあることを考えると、まったく使用不可能ではないだろう。正しいこと、美しいことばかりもない世の中では、虚言や讒《ざん》言《げん》に対する免疫もある程度は養っておいたほうがいいかもしれない。私はどちらの質問にも答えなかった。代わりに「言語」という言葉の定義とそのさまざまな用法を、具体例を挙げて噛んで含めるように説明した。トルコ政府の設問が無意味であることを示唆した上、「民族」

という言葉が時代によってその意味を変えたこと、なかんずくトルコの辞書にある定義は正しくないことなども述べた。

［草稿］

いずれも愚問である。

人間の話す言葉は、方言も隠語も片言も寝言も戯言《たわごと》も全て言語である。馬鹿でもない限り出来ない質問だ。トルコ政府は死なきゃ治らない病気なのだ。

全ての言語はその体系の中で適当な語彙を選んで教育用語として使用できる。戯言などはあまり使わないほうが良さそうな気もするが、反面教師と言う言葉もあることを考えると、全く使用不可能ではないだろう。現にトルコ政府がそれを実行している。その教育の成果はさておくとして。

正しいこと、美しいことばかりもない世の中では、虚言や讒言《ざんげん》に対する免疫もある程度は養っておいたほうがいいかもしれない。

私はどちらの質問にも答えなかった。代わりに初歩の言語学の講義をタイプした。「言語」という言葉の定義とそのさまざまな用法を、具体例を挙げて噛んで含めるように説明した。トルコ政府の提示する設問がいかに無意味であるかを述べた。「民族」という言葉が時代によってその意味を変えたことも。なかんずくトルコの辞書にある定義はとうに廃れていて正しくないことなども述べた。

［注釈］

「馬鹿でもない限り」と「トルコ政府は死ななきゃ治らない病気なのだ」という表現が「不可」と判定されました。

二一八ページ一行目

［新書］

私はG氏の示唆した行動はしなかった。

［草稿］

私は時間を稼ぐための口実をいくつか用意していた。

一つ、日本大使館に在留届を出した。予定よりも早く出国することを届け出なくてはならない。それは日本国民としての義務だ。

一つ、私の航空券は、イスタンブール発である。

一つ、出発日を変更するのはいいが、イスタンブールに着いてすぐ翌日の便に空席があるとは限らない。

私はG氏の示唆した行動はしなかった。

［注釈］

「新書として二百ページ前後に収まるように」という要請があったため、最後はページ数を数えながらここで一行、あそこで一行と割愛しました。つらい作業でした。

後書き

ひつじ書房から『トルコのもう一つの顔』の「補遺編」を出版しようという提案があった時点では、短時間で片付く仕事だと思い込んでいました。

《草稿は保管してあるし、新書も手許にある。照らし合わせて違いのある部分を機械的に拾って行けば良い。後は必要なら少し注釈をあちこちに付けて前書きを添えれば…》と簡単に考えていました。

ところが…草稿を引っ張り出して読み始めたら…長年胸に秘めていたことを書き下ろした時の「迸《ほとばし》るものをペンの動く速さで紙に書き付ける」感覚が戻って来て我を忘れてしまい、新書と読み比べることが疎《おろそ》かになって、草稿ばかりをひたすら読み耽《ふけ》ってしまうのです。一度など、気が付いたら出勤時刻を一、二分過ぎていて慌てました。

時間を気にせずに没頭できる環境が必要だと分かりました。普段の生活では、それは無理です。補遺編執筆のために休暇を取ろうと決めたのは、三月初めです。当初の予定よりも随分遅くなりますが、原稿送付期限を四月半ば頃にしてくれと、ひつじ書房に頼み込みました。

四月二日から十七日まで、二週間の休暇を取りました。もしも日本に住んでいて普通の企業や大学に勤めていたら、とても出来ないことですね。

草稿を読み返していると登場人物の姿が目の前に浮かび、声も聞こえて、心が若かりし日に戻ってしまいます。現実に還って新書との読み比べをしながら違いのある部分を抜き書きし、丁寧に注釈を付けました。

『トルコのもう一つの顔』と並べてお読みください。最終章が「次号に続く」状態で幕切れになっていますね。後日談は、『漂流するトルコ　続「トルコのもう一つの顔」』に書いてあります。

二〇一六年七月　ストラスブールにて　小島剛一

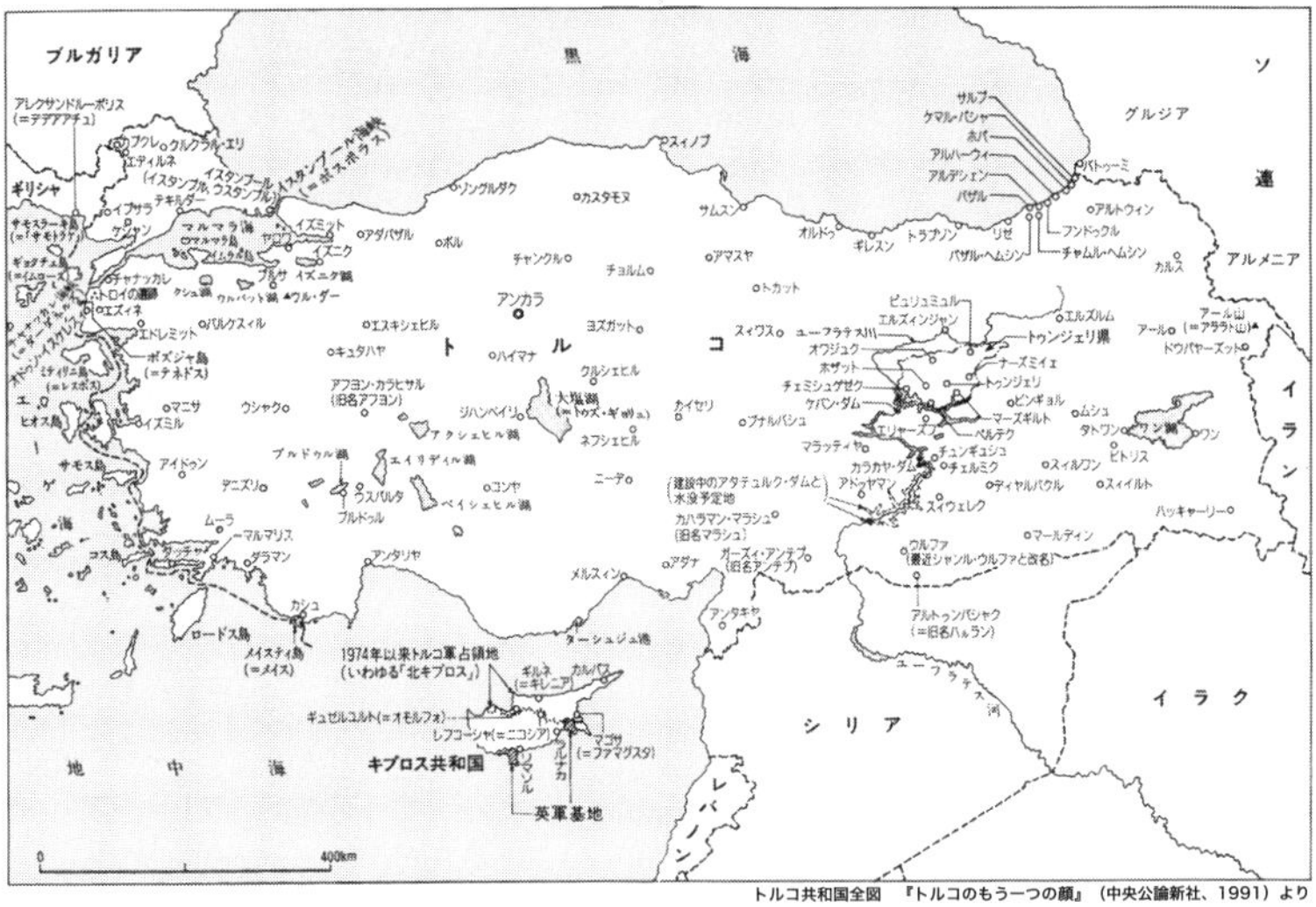

トルコ共和国全図　『トルコのもう一つの顔』（中央公論新社、1991）より

ラズ語の辞書の刊行賛同者を募ります

　小島剛一さんの『トルコのもう一つの顔』には、トルコ共和国で言語を調査している時に出会った、ラズ人たちやその言語のことが述べられています。ラズ語を研究されてきた小島剛一さんが、ラズ語の辞書の刊行を計画しています。

辞書の刊行は、絶滅危惧言語を保存するために大切なことであり、言語学にとって、人類にとって重要であることはもちろんですが、ラズ語話者にとって、ラズ語を保存し、持続させていくために、ラズ語の辞書が刊行されることは重要な意味を持ちます。現代においてのみならず、未来のラズ人にとっても重要です。そのために、ラズ語トルコ語日本語を対照した辞書の刊行を実現したいと考えます。

　しかしながら、言語話者の少ないマイナーな言語であるラズ語の辞書刊行は、日本においても、世界的にも、需要が大きいとは思われず、商業出版は困難です。市場だけに頼ることはできませんので、賛同者による支援が必要です。ラズ語の辞書を刊行することに賛同下さる方に呼びかけ、ご支援によりまして、刊行を目指したいと思います。ご支援をお願いします。

　一口、10000円として300口を集めたいと考えています。一口の寄付を下さいますと1冊をラズ地域に寄贈します。詳細については次のURLに記載しています。

http://www.hituzi.co.jp/laz_kinen.html

　ひつじ書房に事務局をおいています。賛同をご検討下さる方は、上記のサイトをご覧になるか、以下のメールアドレスまでメールを下さい。

toiawase@hituzi.co.jp

小島剛一氏によるラズ語辞書刊行を祈念する会
代表　松本　功

ラズ語辞書刊行の
ご協力へのお願い

ひつじ書房

ラズ人・ラズ語との出会い

トルコ語で「ラズ人」は、Laz と言います。ところが、この Laz という単語には、トルコの政府機関発行の辞書には載っていないもう一つの意味・用法があります。「トルコの黒海沿岸に住む人」という意味でも用いるのです。後者は、誤用のはずですが、トルコ語話者の中にはこの語をこの意味で使用する人が何千万人もいます。この意味では「ラズ人の母言語はトルコ語だ」「ラズ語なんていう言語は、存在しない」という誤った説が「正しい」ことになってしまいます。

そのため、本来の意味の「ラズ人」を差すのに特別の表現が必要になっています。トルコ語では hakiki Laz ハキーキー・ラズ(「本当のラズ人」)と言いますし、ラズ語では、方言にもよりますが、Moxti-Laz モホティ・ラズなどの表現を用います。

こういう状況だと、ラズ語域がどこにあるかを知ること自体が難しくなります。特に「トルコにはトルコ語以外の言語は存在しない」という虚構をトルコ共和国が国是にしていた 1991 年 4 月 12 日まで、語域を正しく知ろうと努力することが「刑事犯罪」と見做されるという不条理なことが罷《まか》り通っていたのです。外国人が土地の人に「ラズ語が話せますか」と質問しただけでスパイ扱いされることが頻繁にありました。一度は「話せません」と答えた人が、数日後には警戒を解いて、熱心にラズ語を教えてくれるということも何度もありました。クルド諸語やザザ諸語、ヘムシン語などのときもそうでしたが、ラズ語の調査は、言論の自由のある国では想像も付かない慎重さで進めざるを得なかったのです。

ラズ人自身もラズ語の通じる範囲を知らないことが頻繁にありましたから、ラズ語域を把握するのにも数年かかってしまいました。

トルコ国内の主要ラズ語域は、黒海沿岸東端部のリゼ県の東部四郡とアルトウィン県の西部三郡に分布しています。但し、リゼ県パザル郡などの内陸部にはヘムシン人が住んでおり、アルトウィン県ボルチュカ郡のラズ語域

はチュハーラ村のみ、また、ラズ語域の中にグルジア語を話す集落が言語島を成していたりもします。

この他、多数のラズ語の言語島がイスタンブール近辺に集落を成しています。大多数は、1878年にラズ語域の東端部がロシア帝国に組み込まれたときにオスマンル帝国に難民となって逃れた人たちの子孫で、チュハーラ村の方言に近いものを話します。

小島剛一が本格的にラズ語習得を始めることが出来たのは、1980年前後からです。1986年に正式にトルコ政府の許可を得てラズ語域に臨地調査のために赴いた時には、トルコ政府の派遣した随行員に四六時中見張られていましたから、既に音韻体系、韻律体系、基本語彙などは把握していて文法体系もあと少し詰めれば良い段階に達していたことは公表せず、ラズ語を初歩から習う振りをしました。


本当に何も知らないで習い始めるのとは違いますから、

「目は、この地域のラズ語で何と言いますか」

「Toli」

「複数形はありますか」

「Tolepe」

などから始めて、基本的な動詞の現在形の活用も調べます。そうして15分も経つと、「習ったばかり」の語彙だけでその土地のラズ語方言の文を作り、ラズ語に切り替えて質問を始めます。語順も名詞の格変化も動詞の活用も正確でmskva（＝美しい）のように「トルコ人には発音できない」語も難無くこなしますから、みんな驚きます。

「先に音韻体系や文法体系を把握してから必要な語彙を埋めて行く」という小島剛一式の異言語習得方法が存在し得るとは誰も夢想だにしないことなのです。そのうちに、好奇心からか、監視員の目を掠《かす》めて、我も我もといろいろな表現を教えてくれるようになりました。

ラズ語の特徴　(1) 概念

音素体系

ラズ語の母音音素は、/i/、/e/、/a/、/o/、/u/ の典型的な 5 母音体系で、地域差は全くありません。子音音素の種類は、地域によって 27 音素から 33 音素と大きな違いがあります。子音の中でも放出音の存在が特徴的です。また、子音クラスターが頻繁で、語頭では p'ť'k'vi（私が言った）のように最多 4 子音の連続が可能です。

韻律体系

強さアクセント、高さアクセント、長さアクセントの三種類のアクセントが全方言にあり、長大な動詞複合体の理解を助けます。これは、世界的に見ても稀有なことです。

名詞と代名詞の格変化

ラズ語の名詞と代名詞には基本的に 9 種類の格がありますが、与格と処格は全方言で同形です。方言によっては後置詞格、能格、与格が同形になっているものがあり、向格と奪格が同形になって「双方向格」となっているものもあります。

動詞の活用

動詞は、「複人称活用」をします。多くの場合、主語と受益者の両方に照応して形態変化を起こすのです。「肯定強調辞」や動作の方向を示す「動詞前辞」の存在も特徴的です。

語順

日本語型の語順です。主語 – 補語 – 動詞の順で、修飾語は非修飾語の前。日本語の「連体形」に相当する物も被修飾語の前に立ちます。

ラズ語の特徴　(2)「動詞前辞」と「複人称活用」

「動詞前辞」を用いると、動詞複合体一語で複雑な内容を表わすことが出来ます。次の例では、主語が一人称単数で受益者非表示の場合を示していますが、太字にした部分が動作の方向を表わす「動詞前辞」です。動詞前辞は、全方言を合せると78種類見つけましたが、探せばもっとあるのかもしれません。(例文は、フンドゥクル郡方言)

goşapsam	私は二つのものの間をめがけておしっこしています。
elapsi	私は放尿中に自分のズボンの裾を濡らしてしまった。
dolopsam	私は鉛直に持ったビニール袋または空き缶などの中へ排尿中である。
meşapsamt'i	私は水平に置いた尿瓶の中へ排尿している最中だった。
gepsi-doren	僕、目が覚めたらおねしょしちゃってた。
ko**gama**psare	俺は二階の窓から外へ向かって小便するぞ。

複人称活用を利用して受益者を表示すると、一子音か一音節加えただけで「誰のために」または「誰に迷惑をかけるために」あるいは「誰の代わりに」動作をしているのかが表示できます。(例文は、アルハーウィ郡方言。一行目だけは受益者非表示)

Geç'areri mepçam.	私は支払いをします。
Geç'areri mekçam.	お前にお金を上げるよ。
Geç'areri megiçam.	お前のために立て替えておくよ。
Geç'areri mebuçam.	あの人の代わりに私が支払します。
Geç'areri mebiçam.	私は、自分が功徳を積むために、献金します。

動詞前辞を用い、複人称活用もすると、さらに複雑な内容を的確に動詞複合体一語で表わすことが出来ます。

ラズ語の辞書を作ることの意義

トルコ共和国建国以来の全国民強制トルコ化政策の結果、トルコ国内の少数民族言語は、殆どが消滅の危機に瀕しています。例外は、図抜けて人口の多いクルド諸語だけのようです。

ラズ語域でも、1980 年頃から「トルコ語習得のために自分がさせられた大変な苦労を子供にさせたくないから」という「理由」で、家庭内でラズ語を話さないことにする親が出現しました。「ラズ語なんて簡単だから、好きなら後で憶えればいい」と思い込んだのです。その結果、「トルコ語はラズ訛りの間違いの多いものしか話せない一方、ラズ語は片言しか知らない」子供が育ってしまいました。そして、子供が大きくなってから、我が子と母言語で話し合うことが出来ない悲哀を味わっています。

「家庭内や隣人のラズ人との付き合いではラズ語を話し、トルコ語はテレビから聞こえて来る標準トルコ語に慣れさせる」というやり方を通せば、子供は殆ど自然に「どちらの言語も苦労なく自由に話せる」二重言語者になれるのですが、考えが浅かったのです。

2002 年 8 月の法改正で、「少数民族言語での報道、出版、教育の自由化」が決まりました。今では、子供にラズ語を教えるためのラズ語教室を開設する大人のラズ人もいます。ところが、トルコ国家が行なった「純トルコ語運動」に倣って「純ラズ語」を作らなければならないという誤った考え方をするラズ人が多いのです。借用語の無い言語は存在しません。行政用語や数学用語にトルコ語、ペルシャ語、アラブ語、ギリシャ語などから入った語彙があっても全然構わないのに、無理に新しい「純ラズ語」を作ろうとするのです。中には、自分が創作した音素列を「昔から僕の村で使っている言葉だ」と主張して捏造単語を手製の「ラズ語辞典」に書き加える者までいます。捏造語彙は、でっち上げた当人以外には誰にも理解できません。ラズ語の混乱と消滅に拍車をかける事態になっています。

寄付・賛同を募ることの意味

現存するラズ語のあるがままの姿を学術的に記録して、現世代のラズ人にラズ語教材として提供し、後世にも言語学資料として残さなくてはなりません。小島剛一は、2003年8月にトルコから国外追放処分を受けたにもかかわらず、その事情を百も承知のラズ人有志との共同作業で「ラズ語トルコ語辞典」を作っています。2016年1月現在26MBのコンテンツのある大辞典になりました。ウェブサイトを作って無料公開しています。

長い間、これだけでも満足していたのですが、「紙の本にしてくれ」という要請がラズ人から届くようになりました。ラズ人の大多数には、インターネットにアクセスが無いのです。アクセスのある人も「これだけのコンテンツだと、紙の本が欲しい」と言います。ウェブサイトだけでは不十分なのです。夢としては、何とか紙媒体の辞書を作りたい…。しかし、ラズ語話者は、せいぜい25万人ぐらいしかいません。大部の高価な辞典を買う余裕のある人の割合は、多くはありません。商業出版として採算が取れる見込みは無いのです。唯一の方法は自費出版です。

ところが、小島剛一には、自費出版するだけの資力がありません。トルコで出版すれば安く上がりますが、トルコでは、どの工程で誰に内容を勝手に改変されるか分からないのです。イスタンブールで上梓した著書は、二冊とも、無残に改竄されていました。トルコに再入国できない以上、自分で全行程を見張ることは不可能です。日本で出版する場合は、「ラズ語を撲滅させようとする悪意の人物」などはいませんし、そこまであらゆる人を疑ってかかる必要もありません。それに、「ラズ語トルコ語」だけでなく「ラズ語トルコ語日本語辞典」という形にすれば、日本人でラズ語に興味のある人にも読んでもらえるという利点があります。そこで『再構築した日本語文法』を刊行してくれたひつじ書房に話を持ち込んでみました。

小島剛一（こじま ごういち）

1946 年、秋田県生まれ。1968 年以来フランス在住。1973 年以来、フランス人向けの日本語教育にも携わっている。1978 年、ストラスブール大学人文学部で博士号取得。専攻は言語学と民族学。
1986 年 9 月、トルコ共和国で少数民族言語臨地調査のための「研究調査ビザ」を所持していたにも拘わらず国外退去勧告を受ける。その後、四度に亘って空き巣被害を受けるが盗まれたものは何も無し。この時以来、身の安全のため、住所や勤務先は非公表。
2003 年 7 月、『ラズ語文法』刊行の直後、トルコ共和国から武力によって国外退去させられる。

【著書】
『トルコのもう一つの顔』（中公新書） 1991 年
『ラズ民謡集』（Chiviyazıları, イスタンブール） 2003 年 3 月
『ラズ語文法』（Chiviyazıları, イスタンブール） 2003 年 7 月
『漂流するトルコ』（旅行人） 2010 年
『再構築した日本語文法』（ひつじ書房） 2012 年

トルコのもう一つの顔・補遺編

What I could not say about Turkey 25 years ago
Gôichi Kojima

発行　2016年9月21日　初版1刷
定価　1000円＋税
著者　© 小島剛一
発行者　松本功
印刷・製本所　三美印刷株式会社
発行所　株式会社 ひつじ書房
〒112-0011 東京都文京区千石2-1-2 大和ビル2F
Tel.03-5319-4916　Fax.03-5319-4917
郵便振替 00120-8-142852
toiawase@hituzi.co.jp　http://www.hituzi.co.jp/

ISBN978-4-89476-839-0